JN410825

인문학이란 무엇인가?

_아나타(雅那妥)!

초판 1쇄 인쇄 • 2018년 5월 15일
지은이 • 우무영
펴낸이 • 이승훈
펴낸곳 • 해드림출판사
주 소 • 서울 영등포구 경인로82길 3-4(문래동1가 39)
센터플러스빌딩 1004호(우편07371)
전 화 • 02-2612-5552
팩 스 • 02-2688-5568
E-mail • jlee5059@hanmail.net

등록번호 • 제2013-000076
등록일자 • 2008년 9월 29일

* 책값은 표지에 있습니다
* 잘못된 책은 바꿔드립니다

ISBN 979-11-5634-282-3

인문학이란 무엇인가?

-아나타(雅那妥)!

우무영 지음

해드림출판사

이 책의 특징

우리는 인문학(人文學, humanity)의 중요성을 잘 알지만, 인문학이 무엇인지는 잘 모르고 있다.

인문학은 인간에 대한 학문이며, 인간이 무엇이고, 인간다운 삶이 어떤 것인지를 모색(摸索)하는 학문이다.

그래서 한마디로 인문학은 사람을 행복하게 하는 '행복학'이라고 정의(定義)할 수 있을 것이다.

인문학의 분야는 철학, 문학, 역사학, 사회과학, 종교학, 예술 등 그의 모든 분야의 학문이 될 수 있겠지만, 크게 文·史·哲(문학, 역사, 철학)로 요약할 수 있다는 것은 이미 잘 알려진 사실이다.

인문학이 거의 모든 분야의 학문이듯이 도덕(道德)적인 삶을 원하는 사람은 철학(哲學)을 인문학의 우선, 으뜸으로 생각할 것이고, 권력을 좋아하는 사람은 정치학, 행정학 등을 우선으로 생각할 것이고, 돈을 좋아하는 사람은 경영학, 경제학 등을 우선으로 생각할 것이고, 문학을 좋아하는 사람은 문학을, 예술을 좋아하는 사람은 음악, 미술 등을 우선으로 생각할 것이다.

그러나 사람은 감성(感性)만 있는 동물과는 달리, 감성과 이성(理性)을 동시에 갖춘 만물의 영장(靈長)이므로 이성적인 철학을 인문학의 우선, 으뜸으로 생각해야 할 것이다.

철학을 인문학의 으뜸으로 생각한다면 *동도서기(東道西器)의 진리에 입각하여, 正, 反의 단순하고 변증법적이며, 이분법(二分法)적이며, 분석적이고, 답(合)이 없는 비실용적이며, 저차원적인 서양 철학보다는, 통합(統合)적이고, 전체적이고, 답이 있는 실용적이고, 고차원적인 동양철학 특히 孔, 孟의 철학인 성리학(性理學)을 인문학의 으뜸, 핵심으로 생각해야 할 것이다!

그래서 최상의 진리, 철학, 인문학의 핵심인 孔, 孟의 철학(仁·義·禮·智)을 활용하여 '인류의 행복(utopia, *'아나타(雅那妥)' 등)'을 실현하고자 하는 것이 이 책의 전체적이고 포괄(包括)적인 특징이다.

*동도서기: 동양은 정신, 철학이 우월하고 서양은 기술이 우월하다.

*아나타: 우아하고 행복한 나라.

그러면 지금부터 구체적으로 이 책의 특징에 대하여 언급해 보기로 한다.

〔제1부〕는 수필, 시 등으로 조성(造成)했다.

1) '지리산 바래봉 철쭉 관광'은 우리나라 4대 철쭉 군락지라는 지리산 바래봉을 꽃도 보고 산(名山)도 보는 일거양득(一擧兩得: 한 가지 일로써 두 가지 이익을 얻음)의 마음으로 작성했다.

2) '경화초등학교 개교 100주년 여행'은 모교인 유서 깊은 초등학교를 방문하고, 꿈에도 잊지 못할 죽마고우(竹馬故友)들과의 감회 등을 기행 수필 형식으로 작성했다.

3) '순천만 갈대밭, 송광사 기행'은 유명한 순천만 갈대밭에서 '파스칼의 생각하는 갈대'가 되어 갈대숲과 어우러지고, 용산전망대에서 절경을 그려보고 간단한 詩도 한 수 읊었다.

4) '부산 여행'은 동생 우수영 선생이 통증의학과 의원을 개원하게 되어 제2 고향 같은 부산을 방문한 감회를 적었다. 그리고 중학교 때 불렀던 아름답고 신비로운 노래인 경남가(경상남도의 노래)를 직접 작사한 새로운 가사로 힘차게 부르면서 웅지(雄志)에 젖어보기도 했다.

5) '남해 여행'은 보리암을 못 봐서 실망이나 그 대신, 삼천포대교, 초양대교, 늑도대교에서 바라본 삼천포의 황홀한 절경을 확인하기도 했다.

6) '순천만 정원 박람회 여행'은 서양의 정원들과 우리나라의 정원을 비교했는데, 역시나 서양의 정원들은 대체적으로 인공을 많이 가미한 '인조정원'이었고, 우리의 정원은 대체적으로 자연의 아름다움을 살린 '자연정원'이었다.

7) '장성 축령산, 백양사 여행'은 전번에 자세히 못 봤던 백양산 '백학봉'의 아름다움을 다시 확인했고, 축령산의 방대(尨大)한 편배나무숲속에서 피톤치드 삼림욕을 즐기기도 했다.

8) '청량산, 협곡 열차 여행'은 아름다운 청량산의 절경들을 다시 확인하고, '하늘 다리'까지 올라가서 詩('하늘의 길, 영원한 길')를 한 수 읊은 것도 큰 보람이었다.

또한 '눈꽃 환상 여행' 때 몰랐던 승부역 근처의 환상적인 여름 풍광을 확인하기도 했다.

9) '화성 탐방기'는 유네스코 문화유산에 등재된 유명한 수원 화성(華城)을 비교적 자세히 탐방(探訪)하고 느낀 감회를 기록했으며, 난공불락(難攻不落)의 철옹성인 '나의 화성'을 그려보기도 하였다.

10) '영통정의 봄'은 평소 자주 들르는 독침산의 봄 경치를 음미(吟味)해 보고 詩도 한 수 읊어봤다.

11) '인문학과 정책'은 진정한 인문학이 무엇인가를 간단히 설명하고, 여러 분야에 활용하면 '행복한 나라(유토피아)'가 될 수 있다고 설명했다.

12) '세월호 참사의 원인과 대책'은 세월호 참사의 원인을 분석해 보고 그 대책, 치료에 대해서 설명해 봤다.

13) '태백산 눈꽃 축제 여행'은 환상적인 '태백산 눈꽃 축제'를 보고, '석탄박물관'에서는 짧은 인생을 보람 있게 사는 방법을 생각해 보기도 했다.

14) '유당 마을 방문기'는 오래된 실버타운인 유당 마을을 방문한 감회를 기록해 보았다.

15) '남한산성을 오르며'는 아름다운 남한산성의 봄 풍경을 감상하고, '지화문(至和門)'의 교훈처럼 화이부동(和而不同: 생각이 다른 사람들이 서로 양보하여 화합)으로 '행복한 나라'가 되어야 한다고 각오하기도 했다.

16) '광교호반 예찬'은 아름다운 광교호반의 봄 풍경을 감상하고, 간단한 詩로 노래하기도 했다.

17) '장사도 여행'은 꽃 대궐처럼 많은 꽃과 나무들을 감상했으며, 우리나라 곳곳에 지천(至賤)으로 많은 벚꽃들을 보고 선비의 꽃인 배롱나무꽃, 매화 등도 가득하여 '선비정신'으로 우리의 염원인 '홍익(弘益)'을 실현해야 한다는 다짐도 했다.

18) '서울 투어'는 서울의 아름다운 절경들(남산, 북한산, 인왕산, 도봉산 등)을 감상하고, 서울을 상징하는 *오상(五常)의 덕(德)인 仁·義·禮·智·信으로 '홍익'을 실현해야 한다는 각오를 다짐했다.

*동대문(仁: 興仁之門) 서대문(義: 敦義門)
남대문(禮: 崇禮門) 북문(智: 弘智門) 보신각(信: 普信閣)

19) '소록도, 금당도 기행'은 소록도와 금당팔경을 보고 그 감회를 기록해 봤다. 특히 녹동 근처 숙소에서 황홀한 야

경을 보고, 당나라 장계의 유명한 詩 '풍교야박(風橋夜泊)'이 생각나서 나도 한 수 읊었다.

20) '동해 기행'은 '소수서원'에서 최상의 인문학인 성리학에 젖어 보고, 하회마을에서 '부용대' 등의 절경을 감상하고, 백암온천에서 간단한 詩를 쓰고 음악을 작곡하기도 했다.

21) '동·남해 기행'은 울산 '십리 대나무숲길' '대왕암공원'을 관광하고, 부산 '해동용궁사(海東龍宮寺)'를 거쳐, 거제도 '바람의 언덕' 등을 관광했다.

22) '남해 보리암, 여수 향일암, 금오도 기행'은 보리암, 향일암, 금오도 등의 절경을 감상하고 스케치도 해 봤다.

〔제2부〕는 詩와 음악으로 조성했다.

1) '성가(聖歌)'는 어디서 들었던 것 같은 찬송가를 편곡, 작곡하여 시와 어우러지게 하였다.

2) '하늘의 길, 영원한 길'은 '로버트 프루스트'의 '가지 않은 길'과 대조적으로 우리가 가야 할 길에 대하여 희망적으로 읊었다.

3) '사계절의 노래'는 사계절이 뚜렷한 우리나라의 아름다운 기후와 금수강산(錦繡江山)의 절경을 詩와 노래로 읊었다.

4) '아름다운 우리나라'는 아름다운 쇼팽 피아노 협주곡 1번 3악장 주제곡을 편곡, 작곡, 작사하여 읊었다. 또한 아름

답고 총명한 큰 여식 민나를 2절로 읊었다.

5) '봄 노래'는 제2부의 대표작이라고 할 수 있다. 봄의 정취를 예술적(아름답고, 깊이 있고, 조화롭고, 희망적)으로 표현 했고, 어디선가 들은 클래식의 아름다운 선율을 편곡, 작곡하여 희망적으로 읊었다.

6) '강남의 달밤'은 은하수처럼 반짝이는 강남의 불빛 위에 떠 있는 초승달을 보고, 희망의 나라, 이상향을 상상하며 읊었다.

7) '꽃게탕'은 세계에서 유일하게 예술적인 맛, 환상적인 맛인 우리 특유의 '생선매운탕', '꽃게탕' 맛을 특유의 세밀하고, 다양하고, 함축성 있는 시적(詩的)으로 묘사해 봤다.

8) '삶'은 어느 시인의 詩를 듣다가, 인생을 흐르는 강물에 비유하여 읊어 봤다.

9) '백암산'은 제1부 수필 부분에도 있는데, 노래 마지막 부분을 조금 바꿔서 제2부에도 수록해 봤다.

10) '아나타(雅那妥)'는 대표적 음악인데, 베토벤 교향곡 7번의 어느 한 부분을 잠깐 활용하여 작곡, 작사하였다. 잊혀가고 있는 최상의 진리, 철학, 인문학인 우리 성리학 문화(孔孟의 문화)를 르네상스(부활)하여 '행복한 나라'를 실현하자는 내용이다. 아름다운 가사와 함께 우리 영혼의 목소리, 음악이 멀리서 다가오는 듯한 환상적인 황홀함을 느낄 수 있을 것이다.

11) '나의 사계절'은 흐르는 물처럼, 화살같이 흐르는 세월

을 좀 늦게 흐르게 하고, 보람 있게 살자는 뜻에서 일 년을 세분화해 봤다.

〔제3부〕는 소설 '사랑의 슬픔, 그리고 기쁨'인데 자세한 내용은 당선 소감에 실려 있다.

모든 문학(시, 수필, 소설 등)은 그 내용(contents)이 가장 중요한데, 특히 소설은 내용 중에서도 철학성, 사상성이 중요하다고 교과서에서도 강조하고 있다.

앞에서도 언급했지만 '동도서기'의 진리에 입각하여 최상의 진리, 철학, 사상이고 우리 고유의 정신인 성리학(孔孟의 철학)을 활용하여, '인류의 행복(弘益, Utopia, 雅那妥 등)'을 앞당기자는 것이 소설의 핵심이고 결론이다.

이상으로 이 책의 특징에 대하여 전체적으로, 구체적으로 설명해 봤는데, 종합적으로, 결론적으로 간단명료하게 강조해 보고자 한다.

첫째, 이 책은 '한정' '새로운 유토피아'에 이어 본인의 세 번째 *'야심작(野心作)'인데, 수필, 시, 소설 등이 어우러진 '종합문학'이고, '종합문학'과 '예술(음악, 스케치, 글씨)'이 융합된 '문예학(文藝學)'이다.

21세기 지식, 문화의 시대에서는 기술의 융합, 지식의 융합,

학문의 융합이 필수적인데, 문학도 다른 학문들과 마찬가지로 융합하여야만 진정한 '인문학(행복학)'으로 발전할 수 있다.

*야심작: 다른 사람이 생각지도 못한 새로운 시도를 하여 큰 성과를 기대하는 작품.

둘째, 이 책, 특히 詩의 내용은 순수하다.

오랫동안 동서고금의 철학, 역사, 문학, 음악들을 공부, 사색하여 '통찰(洞察: 온통 밝혀서 살핌)'을 달성했다고 자부하는 본인이, 성현인 공자, 맹자처럼 꾸미지 않고 당당하게 창의적으로 썼기 때문에 *시경(詩經)의 詩들처럼 순수하다. 인용한 부분은 반드시 인용 출처를 밝히려고 노력했다.

*논어, 위정편, '시경의 詩 300편은 詩 정신이 순수하다(思無邪).'

셋째, 다양한 어휘들과 동서고금의 명언들, 한자들을 활용하여 세계 최고의 우리말을 더욱더 발전시키려고 노력했다. 또한, 간결하면서도 세밀하게, 힘차고, 역동적으로, 예술적으로 쓰려고 노력했다.

넷째, 이해하기 어려운 최상의 철학, 사상인 孔孟의 철학(仁·義·禮·智 등)을 틈틈이 곳곳에서 해설하고 강조하여 이해할 수 있도록 많은 노력을 기울였다.

다섯째, 특히 [제2부] 詩는 비교적 자세히 해설을 하여 해설하지 않는 詩는 기존의 생각, 관념과는 달리 좋은 詩가 아니라는 점을 강조했다.

모든 문학의 본질, 핵심은 인문학적, 철학적, 내용인데, 해설을 하지 않으면 작가의 의도, 뜻을 정확하게 알 수가 없고 감동도 적다.

그래서 반드시 해설을 해야 독자들이 작가의 능력을 알고, 그 가치를 실생활에 활용하여 인문학적 목적인 행복감을 가질 수 있다. 현재 횡행(橫行)하고 있는 문학지들이나 지하철역 등에는 작가 자신도 잘 모르는 애매한, 추상적인 詩들이 많은데, 이런 차원 낮은 詩들을 보고 독자들이 어떻게 감동이나 행복감을 느끼겠는가!

여섯째, 詩에 음악을 융합하여 살아 있는 음률, 율동이 흐르는 아름다운 詩가 되도록 많은 노력을 했다.

오랫동안 클래식 음악을 공부, 사색하여 아름다운 주제곡들을 편곡, 작곡한 후 詩와 어우러지게 융합하였다.

일곱째, [제3부] 소설에서는 논어의 명구절을 활용하여 '순수한 사랑(즐겁지만 음란하지 않고, 슬프지만 마음 상하지 않는다(樂而不淫, 哀而不傷)'의 정의를 내려 보기도 했다.

이 소설의 결론이 '인류의 행복'을 실현하는 것이듯이, 인류의 행복을 실현하는 방안을 구체적으로 서술한 '새로운 유토피아'와 자연스럽게 연결되고 있다.

그래서 이 책을 정독한 후에 '새로운 유토피아(제2부 '한정')'를 정독하면 최상의 철학, 인문학인 '孔孟의 철학'을 활용하여 우리나라가 세계 문화의 중심이 되고 '행복한 나라'가 될 수 있음을 이해할 수 있을 것이다.

여덟째, 마지막으로 이 책은 '종합문학' '문예학'이니 만큼, 수필, 시, 소설, 음악, 미술 등이 (정치)철학적, 실용적, 인문학적으로 다양하게 어우러져 있다.

그래서 문학가, 예술가들은 물론, 정치인, 지식인(교수, 언론인 등)들이 꼭 읽어야 할 교과서(텍스트) 같은 필독서라고 확신한다.

다시 말하면 인문학, 철학이 빈곤하여 문학, 예술, 정치, 경제, 사법 등 많은 분야에서 각종 비리가 횡행하고, 난무하고 있는 불행한 이 사회에서, 원리, 원칙을 강조한 이 책은 교과서 같은 청량제가 되리라고 확신해 본다.

그리고 지금도 공·맹의 시대처럼 물질주의가 만연(蔓延)되어 세상이 어지러운 데, 최상의 인문학인 孔孟의 철학을 르네상스 하여 새로운 인문학으로 창출된 이 책과 '새로운 유토피아(제2부 '한정')'를 잘 활용하면 우리가 염원하는 '행복한 나라'가 반드시 실현되리라 또한 확신해 본다.

그리고 소크라테스가 당시 지식인들인 소피스트들에게 '너 자신을 알라(모르면서 아는 척하지 말고, 모르면 모른다고 하라)'라고 말하자 화가 난 지식인들이 소크라테스를 사형에 처하게 했다고 한다.

그래서 '진실은 평범한 사람을 불안하게 만드는 법입니다.' 라는 말이 생겼다고 한다.

본인이 주장하는 진실, 진리인 孔孟의 철학이 孔孟을 싫어하는 사람들이나 평범한 사람들에게 거부감을 줄지 몰라도, 나는 소크라테스나 孔孟처럼 당당하게 진실, 진리를 자신 있게 주장하는 것이다.

부디 혜존(惠存) 하시고 많은 발전과 성공을 진심으로 기원하는 바이다.

2018년 봄

韓精 禹武瑛 드림

현직 의사이자 작가인 우무영의 아나타

임지인(소설가)

현직 의사이자 작가인 우무영이 인문학의 핵심으로 꼽는 孔·孟의 철학(仁·義·禮·智)이, 이 책 안에서 미치지 않는 곳은 찾을 수 없다. 『한정』과 『새로운 유토피아』에 이어 필자의 세 번째 야심작인 이 책을 변함없이 아우르고 있는 것은, 오로지 '아나타(雅那妥)'에 대한 불굴의 갈망이다. 孔·孟을 초석으로 세워진 유토피아, 인류가 진정한 행복을 누리는 우아하고 아름다운 나라, 아나타…….

인문학·철학의 빈곤과 물질주의의 만연으로 비리가 난무하고 질서를 찾을 수 없는 이 불행한 사회에서, 필자는 '아나타'만이 인류를 순정(純正)한 행복으로 인도하는 길잡이임을 일관적으로 역설하고 있다. '아나타'를 향한 필자의 염원은 여타 인문학 도서에서 찾아볼 수 없는 방대하고도 심원(深遠)한 문예 프로젝트로 구현되기에 이르렀는데, 그것이 바로 이 책이다.

수필, 시, 소설 등이 어우러진 '종합문학'에 음악, 스케치, 글씨 등의 '예술'이 융합되어 탄생한 '문예학'으로서, 그 철학적이고 실용적이며 인문학적인 가치로 볼 때 문학가나 예술가는 물론, 모든 분야의 지식인들의 필독서로 각인되기에 부족함이 없는 작품이다. 여행의 감흥과 인문학적 사색을 정결한 화폭에 담아낸 듯한 1부 수필과 詩, 깊은 조예로 직접 빚어낸 음악과 시를 융합시켜 마치 음률이 살아 흐르는 악보처럼 펼쳐낸 2부 詩와 음악, 논어의 명 구절을 활용하여 순수한 사랑을 정의하는 동시에 필자의 자전적 비망록으로 엮어낸 3부 소설과 詩가 있다.

호흡곤란에 빠진 현대 인문학과 길 잃은 현대인들의 S.O.S에 응답할, 구원의 인문학…… 이 책을 정독한다면, '아나타'는 결코 멀지 않을 것이다.

목차

제1부 수필과 詩

제2부 詩와 음악

제3부 소설과 詩

제1부

수필과 詩

지리산 바래봉 철쭉 관광

_2010년 5월 21일 금요일

부처님오신 날, 지리산 바래봉으로 철쭉꽃 관광을 간다.

집 앞 정원에도 여러 가지 색깔의 철쭉꽃이 피어 있으나, 유명한 지리산 철쭉 군락지를 보러 가는 것이다. 또한, 철쭉이 지기 전에 꽃을 좋아하는 아내를 위한 여행이기도 하다.

집을 벗어나니 대로가에는 온통 신록과 흰 꽃들로 덮혀있다. 이팝나무 꽃 같은데 화려한 벚꽃에 비해 소박하지만 풍성하고 아름다운 꽃이다.

3월에는 매화꽃이 숲을 이루고, 4월에는 벚꽃이 숲을 이루고, 5월에는 계절의 여왕답게 우아한 이팝나무 꽃이 시녀들 같은 푸른 잎새들과 함께 숲을 이루니, 우리의 봄은 흰 꽃 숲들의 연속인 듯하다.

우리 민족이 흰색을 좋아하는 백의민족(白衣民族)이었던 것도 아마, 아름다운 흰 꽃들의 영향도 있었을 것이다.

오전 7시 30분경에 잠실역에 도착하니 관광객들이 바글바글하다. 아마 3일 연휴의 첫날이라서 여행하는 사람들이 많은 것 같다. 금수강산(錦繡江山)으로 여행을 즐기려는 행복한 사람들이 많은 것 같다.

우리도 또한 행복한 마음으로 4대 철쭉 군락지 중의 하나라는 명산인 지리산으로 향한다.

뽕도 따고 임도 보듯이, 꽃도 보고 산도 보는 일거양득(一擧兩得: 한 가지 일로써 두 가지 이익을 얻음)을 위해서이기도 하다.

차가 너무 밀려서 10시 10분경에서야 안성휴게소에 도착하고 주차할 곳이 없어서 길가에 주차했다. 화장실도 만원이라서 30분이나 걸린다. 대전 근처에서 또 차가 밀려서 12시 30경에서야 인삼랜드휴게소에 도착했다.

장수 근처에서 산길을 달리는데 무엇인지는 모르나 눈꽃처럼 아름답고 화사하게 빛나는 꽃 숲이 있다. 아마 두륜산에서 본 백소나나무의 잎새일 것이다. 하여간 이 또한 화림야부백광사(花林野浮白光射): 꽃 숲은 벌판에 떠 있는 듯 희게 빛나고)처럼 눈부시게 아름답다.

장수에서 늦은 점심은 웰빙 건강식이다. 두부, 나물, 콩, 유기농상추 등인데 돼지고기볶음이 별미(別味)다. 오랜만에 상추쌈과 함께 참으로 맛있게, 게걸스럽게 먹었다.

시간이 늦어서 논개(論介)의 생가는 못 가고 곧바로 지리산 바래봉으로 향했다.

물질주의가 만연(蔓延)되고 불의(不義)가 판치는 현실에서 의리(義理)의 상징인 논개의 정신을 상기해야 하는데 참으로 섭섭하다.

남원 근처의 도로변 숲속에 기와집으로만 이루어진 내력(來歷)이 있는 듯한 마을이 있는데, 정갈하고도 아름답다. 주위의 100년 이상은 된 듯한 느티나무 숲도 비단결처럼 아름답다. 산언덕 언저리 곳곳 군데군데에는 붉은 단풍나무와 연록색, 황갈색 나무들이 어우러져서 꽃처럼 아름다운 숲을 이루고 있다.

바래봉 입구에 도착하니 광활한 밭에 흰 꽃들이 가득하여 눈부시게 빛나고 있다. 봉평 메밀꽃 밭과 흡사한데 자세히 보니 키가 좀 작고 꽃잎은 더 넓은 것 같다. 메밀꽃 밭처럼 표현해 보면, '해맑은 연초록빛 융단에 새하얀 소금가루를 뿌린 듯, 눈꽃을 뿌린 듯이 눈부시게 아름답다.' 가까이서 보니 조그마한 들국화처럼 생겼고 캐모마일(Matricaria, 마트리카리아)이라고 표시되어있다.

허브(herb) 재료로 재배한다는데, 메밀이나 국화처럼 아름다운 꽃들은 건강에도 좋은 것 같다.

바래봉을 향하여 오르는 길은 그늘이 없어서 작열하는 햇볕에 너무나 덥다. 조금 올라가니 해발 550m라고 표시되어 있고 바래봉은 해발 1,100m 이상이란다.

왼쪽 길 아래 산 중턱은 광활한 철쭉꽃 밭인데 이미 꽃이 지기 시작한 지라 화려하지는 않다. 날씨도 덥고 꽃구경에 실망한 많은 일행들이 더 이상 오르기를 거부하고 되돌아가려고 한다. 아내도 실망하여 되돌아가자고 하는데, 모처럼 왔으니 조금만 더 올라가 보자고 독려(督勵)했다.

나폴레옹이 이탈리아를 점령할 때 지친 병사들에게, 저 알프스산만 넘으면 오렌지가 가득한 나라가 있다고 하여 용기를 주었듯이, 저 고개만 넘으면 시원하고 아름다운 별천지가 있을 것이라고 독려했다.

산행에 관심이 없는 듯한 일행들은 되돌아가고 아내는 마지못해 천천히 따라온다. 고개를 넘으니 조그만 그늘이 있고 우리처럼 지친 듯한 사람들이 쉬고 있다. 옆에 딸이 중학생인 듯한 모녀(母女)가 있는데, 이렇게 힘든 줄 모르고 괜히 왔다고 후회한다. 마운틴여행사로 왔는데 점심도 주지 않아서 배가 고파 더욱 힘들다고 한다.

마운틴여행사는 1만 원이 싼 대신 2식 제공이라고 표시되어 있었는데, 이 사람들은 여행 경험이 없어서 점심을 제대로 못 먹었던 것 같다. 우리도 싸고 교통이 편리한(신갈 간이역에서 승차, 하차) 마운틴여행사로 오려고 했는데 예약이 끝나서 할 수 없이 비싸고 불편한(잠실역에서 승차, 하차) 동백여행사로 오게 되었는데, 덕분에 점심은 너무 맛있게 든든하게 먹었으니 이 또한 전화위복이고, 새옹지마인 것 같다.

힘들어하는 모녀에게 용기를 주려고 한마디 했다. 우리가 작년 봄부터 수없이 여행을 다녔는데, 오늘 이 바래봉 여행이 제일 힘든 것 같다고 했다. 그래도 포기하지 말고 시간이 허락하는 대로 가는 데까지 가보면 즐겁고 보람 있는 여행이 될 것이라고 했다.

더구나 우리처럼 동백꽃 피는 낮은 곳을 좋아하는 동백여행사가 아니고, 높은 산을 좋아하는 마운틴여행사로 왔으니 꼭 올라가야 한다고 농담을 했다. 나의 마음을 조금이나마 이해하는 아내가 재미있다는 듯이 웃는다. 아내가 웃으니 나도 기분이 좋아지는 것 같다. 그러나 나의 장점인 미소보다는 나의 단점인 눈물을 더욱 부각(浮刻)시키려는 아내를 생각하면 우울해지기도 한다.

'내가 당신을 사랑하는 까닭은 당신이 나의 미소뿐만 아니라 나의 눈물도 좋아하기 때문입니다'라는 만해 한용운 선생의 시를 생각하며 우울해지기도 한다.

숲 속에서는 아름다운 새 소리가 들린다. 높은 소프라노의 피리 소리 같은데 맑고 시원하기가 그지없다. 올라갈수록 나무숲이 나타나고 길 양쪽에 철쭉꽃이 활짝 피어 선경(仙境)이고 절경(絶景)이다.

힘들게 올라오면서 포기하려고 했던 사람들과 아내에게 독려했던 것처럼 정말 시원하고 아름다운 별천지의 연속이다!

조금 더 올라가니 해발 800m는 되는 듯 양수림인 소나무는 적어지고 음수림인 전나무들이 하늘을 찌를 듯이 솟아있다. 아래를 보니 멀리 수많은 푸른 산봉우리들과 능선들이 파도처럼 펼쳐지고 있다. 그 아래 벌판에는 물, 들물들이 은빛으로 빛나고 있다. 길가에는 아름다운 분홍빛, 자줏빛 철쭉들이 떨이

지고 있다.

불우했던 시인 김승겸이 생각난다.

'봄바람에 지는 꽃 향기로운데
들물은 이리저리 길 걸으며 노래한다
세상 사람들아 욕하지 마소
이래 뵈도 시광(詩狂)이라네'

여행 때마다 수첩에 기록하느라 여념(餘念)이 없는 나를, 사람들은 가끔 힐끔거린다. 그들의 눈에는 내가 이상하게 보이겠지만, 나도 김승겸처럼 변명해 본다.

'세상 사람들아 비웃지 마소
이래 봬도 문광(文狂: 문학에 미친 사람)이라네'

아래에서 봤던 모녀가 우리 옆에서 머뭇거린다. 나의 충고가 통했는지 여기까지 와서 다행이다. 이제 더 이상 올라갈 힘도, 시간도 없다. 한마디로 스님의 밥그릇을 엎어 놓은 듯한 봉우리라는 바래봉으로 가는 길인 트레킹 코스는, 이름과는 달리 너무나 가파르다.

다음에 기회가 오면 준비를 단단히 해야겠다. 내려오면서 다시 보니 오른쪽 산비탈의 광활한 철쭉군락지가 참으로 절경이다. 꽃이 지고 있어서 화려하지는 않지만 철쭉과 주위 나무들이 어우러져서 울긋불긋 조화로운 절경인 듯하다.

왼쪽 숲속에서 청량(淸涼)한 새 소리가 어우러지니 영락없이 선경(仙境)이다. 세상에서 가장 아름답고, 조화롭고, 깊이 있고, 희망적인 즉, 예술적인 자연, 금수강산에서 태어난 것을 하느님께 감사드리며 행복한 마음으로 귀가 길에 올랐다.

경화초등학교 개교 100주년 기념 여행
_2012년 10월 13일 토요일

진해 경화초등학교 개교 100주년 기념식 참석차 11시경에 서울 남부터미널역 3번 출구 앞 국제전자상가 광장에서 친구 강해중 동기와 함께 출발했다. 100주년이라 미국, 캐나다 등 해외에서도 참석하여 약 140명이 버스 3대로 출발했다.

고속도로 옆으로는 초가을 단풍이 시작되는 듯, 띄엄띄엄 황갈색 단풍들이 보이기 시작한다. 도로 옆 화단에는 조그만 나무줄기들이 노란 개나리꽃처럼 아름답게 펼쳐지고, 활짝 핀 들국화들이 맑고 밝게 연보라 빛으로 빛나고 있다.

외국의 무미건조한 자연에 비하면 규모는 작지만 우리나라의 자연이 아름답고, 조화롭고, 예술적인 금수강산임을 확인해 본다.

오후 1시 20분경 괴산휴게소에 도착하여 점심 식사를 했다.

햇볕이 내리쬐는 벤치, 잔디밭 등에서 삼삼오오 모여 도시락으로 식사를 했는데, 국, 불고기, 생선튀김, 나물, 김치 등 썩 건강식은 아니지만 맛이 좋았다.

오후 2시에 출발했는데 창밖에는 곳곳에 들국화가 연보라빛으로, 흰빛으로 벚꽃처럼 환하게 휘황찬란하게, 환상적으로 빛나고 있었다.

'3월은 매화꽃, 4월은 벚꽃, 모란꽃, 개나리, 산수유, 진달래, 5~6월은 철쭉, 밤꽃, 아카시아 꽃, 장미, 찔레꽃, 7~9월은 무궁화, 배롱나무꽃, 10월에는 국화, 11월에는 단풍꽃, 12~2월은 눈꽃 등과 더불어 사는 우리는 언제나 꽃 대궐 속에 살고 있구나!'라는 느낌이 들었다.

오후 5시경 마산 칠서휴게소에서 육개장, 곰탕 등으로 저녁 식사를 했는데 시간이 급해서 다 먹지 못 해 아쉽기도 했다.

6시경에 진해 경화초등학교 근처에 도착하고 마중 나온 팽복곤, 나봉희 동기와 학교에 가니 전야제 행사가 시작되고 있었다. 6시 내 고향 출연자 조문식 씨가 사회를 보고 있는데 이웃 덕산초등학교 출신이라고 한다.

별로 흥미가 없어서 운동장 서편에 마련된 식탁에서 막걸리를 마시면서 죽마고우들과 정담을 나누었다. 진해 막걸리는 시원하면서도 맛이 좋았다. 두부김치와 부추전을 안주로 먹었다. 부추전은 막걸리와 참 잘 어울리는 안주인데 맛이 일품(逸品)이었다. 담백하고 구수하면서도 매콤 시원하고, 삼삼하면서도(짜지 않은 듯하면서 맛있고) 간간하고(조금 짠 듯하면서 맛있고), 존득쫀득, 졸깃쫄깃하고 여러 가지 재료들이 어우러져서 조화로운 맛, 깊은 맛, 특유의 감칠맛 등이 일품이었다!

잠시 후 식당으로 가서 본격적인 환영회가 시작되었다. 부산에서 온 종복 씨는 배가 많이 나와서 몸무게를 줄여야겠다고 하니, 얼마 전에 대장암 수술을 받았다고 했다. 그런데도 술 마시고 건강관리를 잘하지 않은 듯하여 좀 불안했다.

전어 회와 전어구이가 나왔는데 전어구이 두 마리를 한사코 나에게 양보를 한다. 사양해도 자기들은 자주 먹으니까 나만 먹으라고 한다. 맛있게 먹는 방법도 자상하게 설명해 주는데 통째로 내장까지 먹어야 가장 맛있다고 한다.

전어는 참깨보다 더 고소하다는데 이론적으로 봐도 가장 고소한 부분이 머리와 내장이니, 같이 먹으면 고소한 맛이 상승작용으로 가장 맛이 있는 것 같다.

술이 얼근하니 나를 배려하는 모습이 눈물겹게 고맙고, 이게 바로 꿈에서도 보고 싶었던 죽마고우의 마음인가 보다! 항상 보고 싶어서 술 마시고 한없이 눈물 흘리면서 불렀던 '가고파' 속 친구들의 마음이리라! 너무나 고마워서 소정의 금액을 찬조했는데 적은 것 같아 아쉬운 마음이 들었다. 그래서 앞으로 자주 와서 동기회 발전에 도움이 되겠다고 인사말을 했다.

작년에는 전어 회를 먹고 기행문에 그 맛을 기록했는데, 이번에도 일품(逸品: 썩 뛰어난 맛)이고 일미(一味: 첫째가는 좋은 맛)인 그 맛을 기록해 본다.

전어 회는 구수하고, 고소하고, 졸깃쫄깃, 존득쫀득하고 초고추장과 어우러지면 매콤, 새콤하고, 겨자와 어우러지면 코끝을 톡 쏘면서, 향긋하고 담백하면서 아이스크림처럼 입에 살살 녹는 맛이 일품이다.

여러 가지 채소, 막장 등과 어우러지면 맛이 조화롭고 깊이 있고 상승작용으로 감칠맛, 환상적인 맛이 일미다. 모처럼 전어를 맛있게 먹은 후 모텔에서 부산 친구 두 명과 밤늦도록 술 마시며 정담을 나누었다.

아침에 속천으로 가서 우럭탕을 먹는데, 부산 친구 한 명이 매운탕이 아니고 지리라서 그런지, 잘 먹지 않는다. 그 친구에게 좀 미안했지만 나는 너무 맛이 좋아 작년처럼 게걸스럽게 다 먹었다.

매운탕은 아니지만 그래도 담백하고, 존득쫀득, 졸깃쫄깃하고 구수하면서도 속이 확 풀리도록, 가슴이 확 트이도록 시원한 우럭지리탕을 실컷 먹었다.

아침 식사 후 운동장으로 가니 친구들이 많이 모여 있다. 최창길 교수, 명수, 주하 등이 보이고 나머지 반가운 얼굴들은 이름을 잘 모르겠다. 윤한철 교장 선생께 물으니, 교장 선생님이셨던 큰고모부님도 참석하셨다고 한다. 찾아가서 인사드리고 아버님을 아시는 친구분들에게도 인사를 드렸다.

잠시 후 고모부님과 택시를 타고 댁으로 가니 큰고모님이 안 계신다. 고모부님도 어디 가셨는지 모른다고 하기에 내가 경화동에 사는 셋째 따님인 해랑이에게 물어보라고 하니 그제야, '아! 아침에 해랑이 하고 어디 간다고 했다.'라고 하신다.

고모부님도 여든이 훨씬 넘으셔서인지 건망증이 심하신 듯하다. 해랑이에게 전화하니 마산 근처에서 식사하고 오는 중이란다. 조금 지나서 매제가 운전하고 고모님이 도착한다. 고모님은 다행히 치매가 심하지 않은 듯하다.

내가 일곱 살에 초등학교에 입학한 일 등도 기억하시는데, 해랑이 말로는 목욕하는 방법 등을 잘 모르신다고 한다. 당뇨병은 중학교 동기인 홍관식 내과 원장에게 치료받고 치매는 경희대학교병원에서 한약을 드신다고 한다.

전에도 전화로(말씀드렸는데) 한약 드시지 말고 마산삼성병원 내분비내과와 신경과에서 치료받으시라고 당부했는데, 고모부님이 건망증으로 잊으신 것 같다. 다시 말씀드리니 종이에 내분비내과, 신경과라고 적으신다. 그러나 진해에는 병원이 없어서 마산까지 가시려면 교통 등으로 문제가 되는 듯하다.

그래서 노후에는 종합병원 근처에 살아야 건강관리가 편리한데 안타까웠다. 고모부님도 건망증이 심하신 듯하여 고모님과 함께 마산삼성병원에 가셔서 검사받아 보시라고 하면서 헤어졌다.

오랜만에 만난 매제에게 가져간 책 '한정' 한 권을 주면서, 대충 설명하니 이해하는 듯하다. 그러나 최상의 철학인 '논어'를 알아야 내 책을 이해할 수 있으니, 잘 이해하기는 어려울 것이다.

사실 세상에서 孔子, 孟子를 제대로 정확하게 이해하는 사람은 거의 없으니, '한정'을 잘 이해할 수 있는 사람은 거의 없을 것이다!

경화초등학교 앞에서 매제와 헤어지고 다시 친구들에게 갔다. 명수가 옆에 서 있어서 키를 물으니 180cm라고 했다. 멀리 동쪽에, 옆에 있는 키 큰 명수만큼이나 장복산 능선을 따라 우뚝 솟아있는 봉우리 두 개가 너무나 뚜렷하게 보인다. 원근(遠近)의 이치로 따질 때, 멀리서 우뚝 솟았으니 해발 4~500m나 되는 것 같다.

진해중학교 동기회 모임이 '천시봉(천자봉, 시루봉)'인지라 자세히 물어보니 북쪽에 있는 상투 모양의 큰 바위가 '시루봉'이고 조금 아래쪽의 45도 정도로 각을 이룬 산봉우리가 '천자봉'이라고 한다.

얼마 전에 창원신문을 봤는데, 마산에서 진해 장복산까지 110km 정도의 트레킹 코스인지, 등산 코스인지가 생겼다고 하자 명수가 설명을 해 준다. 옛날과 달리 지금은 길이 잘 정리되어서, 일주일이 멀다고 오르내린다고 열변을 토한다. 옆에 있던 최창길 동기도 대구에서 일주일마다 와서 등산한다고 한다. 어릴 때는 시루봉을 오르기가 무척이나 힘이 들었는데, 쉽게 오를 수 있다니 나도 자주 오르고 싶어진다.

이강돈 동기에게 하석이 소식을 물으니 바로 옆 천막에 있다고 한다. 고등학교 때 보고 40여 년 만에 만나니 너무 반가워서 눈물이 쏟아지려고 한다. 성도 같고 바로 뒷집에 살아서 진짜 죽마고우다. 그토록 보고 싶었던 죽마고우들인 찬우, 상용이, 희우 등도 잘 있다고 한다. 만나서 밤새도록 놀고 싶지만 시간이 없어서 안부나 잘 전해 주라고 할 수밖에 없었다.

며칠 후 하석이에게 '한정' 두 권을 보내주면서 연락하니, 자기들을 잊지 않고 기억해 줘서 고맙다고 했다.

운동장 동쪽 무대에서는 코미디언 조문식 씨가 사회를 보고 여자 가수가 신나게 노래를 부르고 있다.

시간이 되어 올 때처럼 버스 3대에 분산 탑승하여 친구들과 다음을 기약하며 경화초등학교를 떠났다. 중간에 휴게소에서 준비한 생선회, 피조개 등 좋은 안주로 술도 마시고 저녁 식사도 했다. 그러나 나는 이가 너무 아파서 술도 못 마시고 회와 밥만 조금 먹는 도리밖에 없었다.

차 안에서 노래를 못하게 하니 37회 선배가 건강에 대하여 설명하는데 틀린 부분이 많다. 51회 후배도 건강에 대해 설명하는데 아마추어라서 틀린 부분이 많다. 할 수 없이 내가 나서서 동맥경화 합병증(뇌졸중, 협심증, 치매 등) 예방에 대하여 설명했다.

고혈압, 당뇨병, 고지혈증, 비만, 흡연, 골다공증 예방법 등 간단히 빨리빨리 성명해도 10분 이상은 걸린다. 더 자세히 설명해 주고 싶었으나 시간이 없어서 죽전휴게소에서 내렸다. 같이 내린 37회 여자 선배가 나를 보고 우동하 씨를 아느냐고 물었다. 아버님이라고 말씀드리니 처음 나를 볼 때부터 낯익은 얼굴 같았는데, 역시 아버님을 많이 닮았다고 하신다.

그분 아버님이 경화동에 유일한 의사였던 김진도 선생이라고 하였다. 아버님이 그분 댁에서 의학 공부를 열심히 하셔서 잘 안다고 한다. 아버님이 8년 전에 췌장암으로 돌아가셨다고 하니 그분 아버님도 폐암으로 돌아가셨다고 한다. 그분은 분당에 사는데 불편한 곳 있으면 연락하시라고 인사를 하고 헤어졌다.

죽전에서 수원 오는 버스를 반대로 타서 조금 고생했으나 밤 11시경 무사하게 집에 도착했다. 다음날 웰라이프 치과에 가니 급성 풍치라고 하여 6일 정도 약 복용 후에 회복이 되었다.

순천 갈대밭, 송광사 여행

_2012년 10월 21일 일요일

오전 8시경 아내와 함께 집에서 출발했다. 은행잎이 연두색에서 노란색으로 물들기 시작하고, 단풍은 황갈색으로 물들기 시작한다. 단풍은 엽록소가 분해되면서 생성되는 물질이 제각기 다른 색깔을 띠기 때문에 울긋불긋하다고 한다.

날씨는 16도에서 22도라고 하며 화창한 날씨로 여행하기에 좋은 듯하다.

신갈에서 마운틴관광버스에 승차했는데 우리 외에도 6명이나 함께 탔다. 아침 식사는 쌀밥, 콩나물, 김치, 작은멸치볶음, 계란말이 등 건강식이다. 작은멸치는 뼈와 함께 먹으므로 골다공증 예방에 좋은데, 멸치 등 생선을 뼈와 함께 먹는 경우는 우리나라밖에 없을 것이다.

9시 30분에 정안휴게소에 도착하니 벚나무 잎은 초록에서 주황으로 붉게 물들고, 소나무도 일부가 황갈색으로 단풍이 들었다.

11시 25분경에 황전휴게소에 도착하니 순천만 사진이 있다. 갈대밭과 대표적 철새라는 흑두루미, 낙조 등의 사진이 안내판에 있다. 12시경에 순천에 도착하여 진달래식당에서 한식 뷔페를 먹었다. 현미, 팥밥, 조기구이, 상추, 미역, 양배추 등 갖가지 쌈과 젓갈들, 돼지고기볶음, 갓김치, 열무김치 등 여러 가지 김치, 시래기 된장국, 육개장 등 그야말로 말 그대로 진수성찬(珍羞盛饌)이고 웰빙 건강식이다. 배가 많이 고프지는 않았지만 너무 맛이 좋아서, 밥 두 공기와 함께 게걸스럽게 먹었다.

12시 45분경에 식당을 출발하여 갈대밭으로 향하는데 멀리 순천 시내가 보인다. 신도시인 동수원처럼 건물이 희고 깨끗한 것 같다. 조금 가니 감나무가 많은데, 감이 다 익어서 주황색 꽃밭처럼 아름답다. 남쪽답게 대나무 숲이 많고 원조 짱뚱어탕 등, 짱뚱어탕 식당이 많다. 꼬막으로 유명한 별교가 옆에 있어서인지 꼬막 정식도 많이 보인다.

유명한 갈대밭에 도착하여 관광을 하는데 가이드도 처음 오는 곳이라서 안내를 못한다. 지도를 보니 전망대 쪽이 좋은 것 같아서 막연히 동쪽으로 걸어갔다. 조금 가니 긴 구름다리가 보이고 광활한 갈대밭이 막막(漠漠)하게 펼쳐진다.

갈대밭 사이로는 바다가 강물처럼 흐르고 보트들도 다니고 유람선도 다닌다. 먹이가 많은지 갈매기들도 열심히 날아다닌다. 그림 같은 구름다리를 지나서 갈대밭 속으로 걸어가니, 양옆으로 키가 2m 이상이나 되는 듯한 큰 갈대들이 숲을 이루고 있다. 가까이서 보니 갈대밭이 아니고 갈대숲이다.

그래서인지 숲 속에서 들리는 청량한 새 소리도 가끔 들리는 듯하다. 백갈(白褐)색으로 아름답게 빛나며 반짝이는 막막한 갈대숲 속에서 바람이 산들산들 부니, 아름다운 갈대꽃잎들이 애기단풍잎들처럼 하늘거리며 왔다 갔다 웃음 짓는다.

'갈바람(갈대바람, 가을바람)'에 '사르르' 하기도 하고, '스르르' 하기도 하는 갈잎의 노래도 상쾌(爽快)하기 그지없다. 바람 따라 이리저리 우아하게 춤추는 갈대, 갈잎, 갈꽃의 무용과 바람에 따라 다양하게 변주하는 갈잎의 음악이 순천만의 '교향시(交響詩)'이고 '교향악'이리라!

조금 더 가니 수로 건너 멀리 햇빛 아래 은갈색으로 반짝이는 갈꽃들이 솜사탕처럼 부드럽게 빛나기도 한다. 길가의 다른 갈꽃들은 곱게 빗질한 은갈색 머리카락처럼 우아하고 아름답다.

아름답게 노래하고 우아하게 춤추는 갈대숲을 뒤로하고, 파스칼이 말한 '생각하는 갈대'가 되어서 바글바글한 사람들과 함께 '용산 전망대'로 향했다.

'살아 있는 채석강(분재처럼 아름다운 관목들과 풀들이 어우러진 암벽)' 같은 아름다운 암벽을 바라보며, 그림처럼 아름다운 구름다리를 건너서 산길을 올랐다.

생각보다 멀어서 보조 전망대에 오르니 남쪽으로 아름다운 섬들로 이루어진 순천만이 보이고, 서쪽으로 수로 건너 광활한 갈대밭이 보인다.

갈대밭 건너 논에는 '2013, 순천만국제정원박람회'라고 크게 새겨져 있다. 주위에는 청량(淸涼)한 새 소리가 아름답고, 상쾌하고 바람은 산들산들 땀이 흐르는 이마 끝을 스친다.

메모하느라 천천히 왔기 때문에 시간이 모자랄 것 같아서 돌아갈까 하고 망설이고 있는데, 먼저 갔던 아내가 돌아온다. 조금만 더 가면 전망대가 있다고 하기에 용기를 내어 오후 2시 13분경에 '용산전망대'에 올랐다.

남쪽으로 부드러운 우리의 선인 15도에서 30도 능선으로 이루어진 섬들과 점점으로 보이는 배들이 떠 있는 순천만이 그림처럼 아름답게 펼쳐진다. 서쪽으로는 드넓은(광활한) 갈대밭 속에 곡류천 같은 수로를 따라 유람선이 물살을 가르며 그림처럼 달리고 있다. 바로 아래 바다에는 동해의 솔섬처럼 떠 있는 아름다운 작은 섬이 인상적이다.

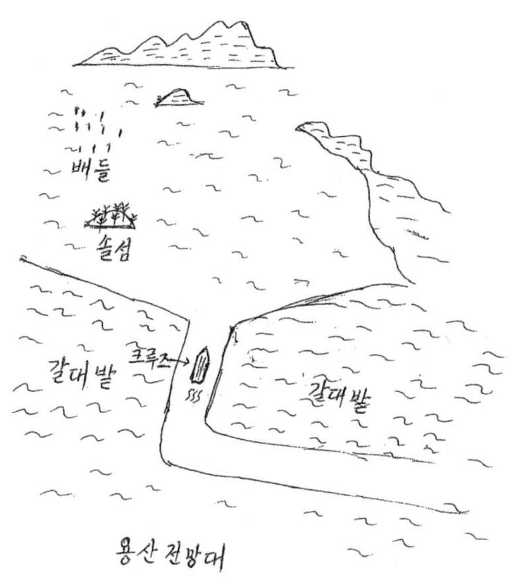

두보의 칠언율시 '등고(登高)'가 생각나서 시를 한 수 읊으려니 시간이 없다. 3시까지 버스에 도착해야 하는데, 급하게 읊으려니 잘 안 되지만 그래도 읊어보자.

용산전망대

화창하고 시원한 초가을에
꿈에 그리던 갈대밭 전망대에 올랐네
남쪽 바다에는 아름다운 섬들이 그림처럼 떠 있고
서쪽 평야에는 막막(漠漠)한 갈대꽃이 황금빛으로 반짝이네
광활하고 조화로운 자연의 위대함을 다시 확인하며
자연보다 위대한 *하늘의 도(道)로써

홍익(弘益)을 실현하리라고 각오해보네.

*하늘의 道(天道)는 최상의 진리, 철학인 孔孟(성리학)의 德인 仁·義·禮·智를 뜻함.

3시 20분이다. 2시 13분에 도착했으니 7분 만에 재빨리 메모하고 스케치하고 詩를 한 수 읊은 셈이다. 주차장까지 2.9km라고 표시되어 있어서 급히 뛰다시피 되돌아갔다.

오면서 보조 전망대에서 올라 스케치 미진한 부분을 보충하려 했으나, 자세히 보이지 않아서 포기하기로 했다.

갈대밭으로 오니 사람들이 너무 많아서 빨리 갈 수가 없었으나, 사람들 사이로 빠져나가면서 헐레벌떡 5분 전에 가까스로 버스에 도착했다.

정해진 시간에 자세히 관찰하고 열심히 메모해야 하니, 단체 여행이 나에게는 즐겁기보다 고된 여행이다. 그러나 보람있는 여행이 되고 기행문으로 남겨서 오랫동안 여행의 기쁨을 즐기기 위하여, 계속 고된 여행을 고집할 것이다. 이것도 고진감래(苦盡甘來)이기 때문이다.

오후 3시경에 송광사로 출발했다.

4시경에 송광사 앞에 도착했는데 나무들이 수령 200년 정도는 되는 듯 우람하여 유서 깊은 고찰(古刹)임을 암시한다. 청량각(淸凉閣)을 지나니 서어나무들이 줄지어 계곡에 서 있다. 조금 지나니, 공기가 너무나 상쾌하여 주위를 보니 편백나무 숲이 있다. 항균물질인 피톤치드를 가장 많이 내뿜는 나무가 편백나무인데, 상쾌한 공기는 바로 피톤치드 향기인 것 같다.

텔레비전으로만 대충 봤던 편백나무를 자세히 보니, 전나무처럼 적갈색 줄기로 되어 있고 잎도 비슷한 것 같다. 특이한 점은 낙엽송이나 메타세쿼이아처럼 시원하게 쭉쭉 뻗어서 하늘을 찌르고 있는데 높이가 30m 이상이나 되는 것 같다.

조계산 송광사는 단풍도 유명하다고 하는데, 아직 절정은 아니지만 그래도 노랑, 주홍, 주황, 갈색, 초록, 연두색 등으로 총천연색 무지개로 빛나고 있다. 안내판을 보니 송광사는 우리나라에서 가장 많은 불교 문화재를 간직하고 있다고 한다.

목조삼존불감(국보 42호), 고려고종제서(국보 43호), 국사전(국보 56호), 금동요령(보물 179호), 하사당(보물 263호), 소조사천왕상(보물 1467호), 등 총 8천여 점의 불교 문화재를 보유하고 있다고 한다. 건물도 대웅보전을 비롯하여 52동이나 되는 대사찰이다.

대웅보전 앞마당에 수령이 100여 년은 된 듯한 아름다운 배롱나무가 두 그루 있는데 짙은 분홍빛에서 붉게 변하는 꽃이 일명 백일홍이라고 한다. 그 옆에는 굵은 매실나무 고목이 분재처럼 아름답고 4월에 연붉은빛을 띤 흰색 꽃이 핀다고 한다.

돌아오면서 주위를 살피니 송광사 주변은 대흥사나 해인사 등 다른 대사찰처럼 주위가 시원스럽게 확 트이지 않은 것 같다. 아마 조계산이 두륜산이나 가야산처럼 높지 않아서 계곡이 작고, 계곡에 위치한 절터가 좁아서 확 트이지 않은 것 같다.

기대가 크면 실망도 크다고 송광사 주변은 기대했던 것만큼 절경은 아닌 듯했다. 그러나 아름다운 단풍과 참살이 웰빙 건강에 희망을 주는 피톤치드를 듬뿍 내뿜는 편백나무 숲만으로도 실망을 보상하고도 남을 것이다. '논어(論語)'에 이르기를 '공부만 하고 사색을 하지 않으면 잃어버리고, 공부는 하지 않고 사색만 하면 위태롭다.'(논어, 위정 편)라고 했다.

오늘 여행에서 느낀 대로 생각(사색)만 하는 갈대가 아니라, 공부하고 생각하는 갈대가 되어야 한다. 그리고 새로운 진리, 문화를 창출하고 저술하여 우리의 염원인 홍익(弘益)을 실현하고, '인류의 행복'에 기여하리라고 다시 한 번 각오를 다짐해 본다.

부산 여행

_2012년 11월 24일 토요일

동생 우수영 선생이 부산에 통증의학과를 개원하게 되어서 오전 7시 45분경 집에서 출발했다. 아내가 스페인 여행 중이라(11월 18~30일) 혼자서 5번 버스를 타고 8시 15분경 시외버스터미널에 도착했다.

어제 마시다 남은 소주, 맥주를 새벽에 마시고 좀 취하여 터미널 식당에서 해장국, 우동, 어묵 중에서 한 가지를 먹으려니 시간이 없다. 8시 30분 버스라서 할 수 없이 캔 콜라 하나를 마시는 것으로 답답한 속을 달래야 했다.

오늘 부산 여행은 참으로 오랜만이다.

동생 결혼식 때 아내와 다녀왔으니 10년은 더 된 것 같다. 그때 아버님이 몸이 불편하셔서 어머님과 내가 하객, 손님에게 인사를 했었다. 머리 염색을 하지 않아 나이 들어 보인다고, 늙어 보인다고 아내가 핀잔을 많이 주었다.

오랜만에 나보다 두 살 많은 영률이 아저씨도 만났고 명자이모와 이모부도 만났다. 영율이 아저씨는 고등학교 때 나와 친했는데, 얼마 전에 원인 모를 병으로 사망했다고 하여 깜짝 놀랐다.

그때 동생 결혼식에서 본 영율이 아저씨가 마지막일 줄이야. 꿈엔들 알았으리오! 늦었지만 다시 한 번 명복을 빌어본다. 이모부는 은행에서 퇴직 후 밀양에 농장을 마련하여 열심히 농사도 짓고 전원생활을 하신다고 했다.

내가 개원 생활이 따분하다고 하니 이해해 주셨다. 다른 사람들은 정치, 행정, 경영학을 공부한 나를 이해 못하는데, 이모부는 이해하시는 것 같았다. 내가 큰 꿈을 가지고 있으니 힘들고 괴롭게 산다고 하셨다. 그런데 얼마 전에 나의 책, 야심작인 '한정'을 보내드리려고 명자이모께 전화를 하니 위암으로 돌아 가셨다고 하여 충격을 받았다!

매제 백서방, 영율이 아재, 명자이모부 등 나에게 다정했던 사람들이 왜 이렇게도 요절하시는가! 다음에 반드시 책에 기록하여 다정하고 착했던 사람들을 조금이라도 위로해 드려야지. 그리고 나와 함께 오래 살게 해야지. 누구나 다 사망하는 자연수명보다는, 책으로 기록하여 오랫동안 남는 것이 진정한 수명일 것이다.

孔子, 孟子, 다산 정약용 선생, 퇴계 선생, 백범 선생, 안중근 의사, 토마스 모어, 베토벤, 이순신 장군 등 내가 존경하는 위인들은 지금도 생생하게 살아 있고, 앞으로도 영원히 살기 때문에 좋은 일을 하고 기록하면 오래 사는 것이다!

얼마 전 EBS TV 일요시네마 '안네의 일기(The diary of Anne Frank)'에서 15세 안네가 이렇게 말했다. '언제 죽을지 모르지만 '글을 쓰면 오래 사는 것.'이라고.' 나이답지 않은 명언을 하여 깜짝 놀랐다. 감수성이 예민했던 안네가 나치 점령지에서 2년 동안 고통을 당했으니, 삶을 체념하고 정신적으로 성숙했기에 이런 명언을 한 듯하다.

나는 사십 대 후반에 '글을 남기는 것이 오래 사는 것.'이라고 느끼고 실행했던 것 같은데, 안네가 어린 나이에 느껴서 깜짝 놀랐다.

그리고 역시 '안네의 일기'는 명작이라고 생각했다. 우리에게 성공하는 방법, 오래 사는 방법인 일기 쓰는 법을 알려주니까 명작임이 틀림없다.

부산은 자아(自我, ego)가 왕성한 고등학교 때 추억이 어린 제2의 고향 같은 곳이다. 자주 가보고 옛날의 추억을 확인해 보고 싶었으나 사정이 안 되었다. 이번에도 동생 개원을 축하하고, 사돈, 사돈댁도 만나 뵙고, 오랫동안 적조했던 둘째고모님, 고모부님께 인사드리는 것이 목적이다.

아내도 없고 일요일에 신문 정리하고 EBS TV '세계테마 기행' 기록 등 할 일도 많으니, 이번에도 가는 듯 도셔(돌아) 와야지.

어젯밤인가 부산고등학교 후배인 안철수 후보가 사퇴를 했다. 안 후보가 세 사람 중 정책, 특히 중소기업 발전 정책이 제일 좋은데, 포기하니 안타까운 마음이다. 문 후보는 포퓰리즘이 심하고 경제발전 정책이 나쁘니 힘들겠고, 결국 박 후보가 당선되겠다. 이것도 하늘의 뜻인가?

나라가 어떻게 흘러가든, 역사가 어떻게 흘러가든, 나의 의지대로 살고 새로운 문화를 창출하여 우리의 염원인 홍익(弘益)을 반드시 실현해야지!

오전 9시경 오산을 지나서 고속도로로 진입했다. 산에는 맑고 밝은 가을 햇살을 받아 오색단풍이 반짝이고 있다. 부산까지 지루하겠지만 즐겁고 보람 있게 여행해야겠다.

아는 것은 좋아하는 것만 못하고, 좋아하는 것은 즐기는 것만 못 하듯이(知之者不如好之者, 好之者不如樂之者), 알고 좋아하는 클래식 음악이나 두보 등의 詩를 즐기면서 여행해야겠다.

또한 즐기는 것은 창조하는 것만 못 하듯이(樂之者不如創之者) 새로운 사실을 새롭게 기록, 창조, 창작하면서 보람 있게 여행해야겠다.

9시 10분경 안성휴게소를 지나는데 주위에 분재같이 아름다운 과수나무가 있다. 안성은 배가 유명하니 배나무일 것이다.

10시 30분경 황간휴게소에 도착하여 우리밀 우동을 먹었는데, 우동 가락이 좀 딱딱하여 맛이 썩 좋지는 않았다. 그래도 고춧가루를 뿌려가며 매콤 시원하게 먹으니 구수하고 졸깃졸깃하고, 답답했던 속이 좀 후련한 것 같다.

주위 언덕 산비탈에는 온통 갈대 같은 억새 천지다. 흰 꽃이 활짝 핀 듯 솜사탕처럼 부드럽고 화사한 꽃송이들이 눈부시게 반짝인다. 오후 1시 5분경 부산 노포터미널에 도착하여 전철 1호선을 타고 조금 내려가니 온천장, 부산대역이 나온다. 흰 아파트 숲이 우거진 서쪽 너머로 '금정산'이 그림처럼 아름답게 펼쳐진다. 울긋불긋한 오색 단풍이 청아(淸雅)한 듯도 하고 휘황찬란한 듯도 하다.

곳곳에 기기묘묘(奇奇妙妙)하고 아름다운 암벽이 '살아있는 채석강(아름다운 관목이 어우러진 암벽, 바위)'을 이루고, 단풍과 조화를 이루어 예술적(아름답고, 깊이 있고, 조화롭고, 희망적)이고 환상적이다. 여기가 바로 흔히 말하는 '소금강(小金剛)'인 듯하다.

연산역에서 3호선으로 갈아타고 수영역에 내려 바로 옆, 동생이 개원한 '수 통증의학과 의원'에 도착했다. 오랜만에 사돈, 사돈댁에 인사드리고, 조금 후에 도착하신 고모님, 고모부님께도 인사드렸다.

고모님은 고혈압, 당뇨도 없이 건강하신 듯한데 허리가 아파서 힘들어하셨다. 서울 삼성병원에서 수술받았는데도 아프다고 하셨다. '제5요추 압박골절'인 듯, '추간 협착증'인 듯 잘 모르겠으나 동생이 잘 치료해 드렸으면 좋겠다.

고모부님도 건강하시고 요즘 인터넷 바둑을 즐기신단다. 병원 인테리어는 잘 되어 있고 77평이라고 했다. 평당 백만 원이 들었다고 하는데, 현실감각이 좋으신 사돈이 많이 도와주신 것 같다.

의료 환경이 열악하여 개원의들이 고생하는데, 걱정이다. 초음파로 정확하게 치료하는 기술이 있다고 하니, 빨리 빚 갚고 노후 준비도 잘 해야 할 텐데…….

어제 술을 많이 마셔서인지 속이 거북하여 식사를 잘 못하였다. 사돈이 맥주를 두어 잔 주는데 억지로 마시니 더 거북하다. 과민성 대장염 증상이 심하여 괴롭다.

오후 4시 10분경에 사돈께 인사드리고 수원으로 출발했다. 오면서 다시 금정산을 보니 늘푸른나무가 많아서 그런지 초록빛 에메랄드처럼 영롱하게 빛나는 듯했다. 5시 10분 전에 노포터미널에 도착하니 시간이 많이 남아 6시에 출발하는 버스였는데, 5시 차로 바꿔 타고 수원으로 출발했다.

차가 조금 밀리고 '양산탑'을 지나 낙동강을 가로지른다. 낙동강 서쪽으로 달리는데 길이 새로 조성된 것 같다. 기차는 옛날처럼 낙동강 동쪽 변을 달리고, 도도히 흐르는 낙동강을 보니 중학교 다닐 때 자주 불렀던 경남가(경상남도의 노래)가 생각났다.

참으로 아름답고 신비로운 노래여서 애창곡, 애국가처럼 자주 불렀다(보아라 신라 가야……). 그리고 언젠가는 태평양을 바라보면서 웅지를 펼치리라면서, 얼마 전에 내가 따로 작사를 했다.

5시 40분경 밀양강이 보인다.

중학교 때 어머님과 밀양서 고려당 제과점 하는 친척 집에

갔었지. 여름이라 영남루 아래 밀양강에서 수영하는 사람들이 많았고, 수영하는 사람들을 믿고 자신 있게 헤엄을 쳐서 맞은편 강변까지 건너갔다가 왔었다.

빨리 이러한 즐거운 추억들을 책으로 엮어서 어머님께 보여드려야지! 어머님이 기뻐하실 것이고, 이것도 아버님께 못 다한 효도의 일부가 되겠지!

밀양강을 보니 또한 밀양에 살고 있는 김병광 내과 원장, 이희발 선생님도 생각난다. 내과 전공의 시절의 추억이 서린 보고 싶고 그리운 사람들이니 언젠가 찾아뵙고 인사드려야지.

5시 52분이 지나니 어두워서 글이 보이지 않는다. 어둠 속을 달리면서 따로 작사한 시(詩)로써, 아름답고 신비로운 경남가를 속으로 힘차게 불러본나. 그리고 최상의 진리인 공·맹(孔·孟)의 덕(德), 오상(五常)의 덕으로써 행복한 나라가 되기를 바라면서 웅지에 젖어 본다.

신라 가야의 노래

1. 그리운 신라 가야 우리의 고향
   화랑꽃 찬란했던 우리의 기상
   멀리까지 간직해온 우리의 보배
   그 모습 다시 필 때 우리도 피리라

2. 지리산 정기어린 우리의 가야
   화랑빛 영롱했던 우리의 자랑
   아스라이 간직해온 우리의 보배
   그 마음 다시 필 때 우리도 피리라

3. 낙동강 영기서린 우리의 가야
   화백이 춤을 추는 우리의 정신
   오상의 덕 어우러져 함께 흐르면
   태평양 바라보며 세상을 펴리라

*정기(精氣): 만물의 생성하는 원기

*영기(靈氣): 신령하고 영험한 기운

*화랑(花郎): 신라의 사회적, 정치적 단체

화랑정신-①충성 ②효도 ③우정

④살생금지 ⑤임전무퇴

*화백(和白)제도: 신라 때 진골 이상의 관리가 화합하여 국가 대사를 평의하던 회의, 민주주의 시초

*五常의 德: 인(仁) 의(義) 예(禮) 지(智) 신(信)의 德目으로 천하를 안정시키는 막강한 힘

어제 술을 많이 마신 탓인지 과민성 대장염 증상으로 속이 많이 거북하다. 황간휴게소를 거쳐서 밤 10시 조금 지나 수원에 도착하고 11시경에 무사하게 집에 도착했다. 짧고도 길었던 오늘 하루를 회상하면서, 동생이 개원에 성공하기를 기도해본다.

남해 여행

_2013년 5월 17일 금요일

오전 7시 45분경 집에서 출발했다.

버스를 타고 신갈 간이 정류소에 도착하니 사람들이 바글바글 하다. 오늘이 부처님오신 날이라서 여행객이 매우 많은 듯하다. 날씨도 14도에서 27도 정도로 낮에는 덥다고 한다. 대기의 탄산가스(CO2) 증가로 봄, 가을이 줄어드는 듯하다. 며칠 전까지 춥다가 갑자기 초여름 날씨다. 빨리 무공해 청정에너지(풍력, 태양광, 조력발전, 수소 에너지 등)를 개발하여 오염의 원흉인 기름(악마의 눈물)과 석탄(악마의 가루)을 몰아내야지!

오늘부터 연휴라서 그런지 차가 많이 밀리고 9시경에서야 마운틴 관광버스가 도착했다. 도로가 심하게 정체되어 10시 50분경에야 천안휴게소에 도착했다. 나이든 임시가이드가 진행을 잘하지 못한다. 더구나 남해에 대해서는 아무것도 모른단다. 모처럼 장거리 여행이 실패할 것으로 생각하니 맥이 빠진다. 그러나 날을 잘못 택했기 때문이라고 체념(諦念)하며 부담 없이 여행하기로 했다.

오후 1시 20분경 함양휴게소에 도착하고 지리산 칡즙 한 병을 사서 시원하게 들이켰다. 오후 2시 20분경 사천공항을 지나고 삼천포로 가는데 차가 몹시 밀린다. 오른쪽으로 호수같이 잔잔한 바다에 죽방어장들이 보이고 아름다운 섬들과 포구들이 물 위에 떠 있는 듯, 그림처럼 펼쳐진다.

삼천포대교 등을 건너기 전에 '한국의 아름다운 길'이라고 안내판에 쓰여 있다. 조금 후에 삼천포대교, 초양대교, 늑도대교를 지나니, 눈 아래 아름다운 섬들과 정겨운 포구마을들이 어우러져서 절경을 자아내고 있다.

늑도 위의 유채꽃밭도 그림처럼 아름답고 신비롭다. 언젠가 한 번 와서 뱃놀이도 하고, 노래도 부르고, 詩도 쓰면서 실컷 놀고 싶은 무릉도원(武陵桃源), 샹그릴라(Shangri-La) 등 이상향(理想鄕) 같은 곳이다. 그래서 '한국의 아름다운 길'이라고 부르는 것 같다.

창선도로 들어서니 아름다운 아열대 나무인 '광나무'들이 가로수를 형성하고, 주위 바다에는 아름다운 섬들이 어우러져서 또한 무릉도원 같은 절경을 이루고 있다. 길가의 이름을 알 수 없는 붉은 잎을 가진 나무와 종려나무도 이국적으로 너무나 아름답다.

냉천마을을 지나니 논도 가끔 있지만, 대부분은 마늘밭이다. 한참 달린 후에 300m 정도의 다리를 건너고 남해도로 진입한다. '청정해역의 명품 죽방령 멸치'라고 홍보를 한다. 상동면이라는 곳에는 유명한 '멸치 쌈밥집'이 많다. 차가 밀려서 오후 4시경에서야 '원예 예술촌'에 도착했다. 입구를 지나니 달리아(Dahlia)밭이 있는데, 붉은색 꽃과 자주색이 있었다. 양귀비꽃도 노란색, 흰색, 주황색으로 다양하다.

너무나 많은 꽃들이 울긋불긋, 천자만홍(千紫萬紅)이어서 그저 '꽃은 꽃이다'라는 성철 스님의 말씀이 실감이 날 정도다. 아름답고 희귀한 나무도 많고 천태만상(千態萬象)이어서 그저 '나무는 나무다'라는 말이 어울릴 지경이다.

곳곳에 조용한 음악이 울려 퍼지고, '외도(外島)'의 축소판처럼 보인다. 출구로 나오니 왼쪽 아래 '독일 마을'이 있는데 시간이 없어 가보지는 못하고 안내판을 봤다. 34가구인데 베토벤 하우스, 괴테 하우스, 함부르크, 철수네 집 등이 있다고 한다. 오후 5시경에 원예 예술촌을 출발하여 '보리암'으로 향했다.

남해도는 마늘이 유명한 듯, 넓은 마늘밭 속에 집이 있었다. 집 뜰에도 마늘이 가득 심어져 있다. 수많은 마늘밭을 지나고 산길을 한참 돌아서 유명한 '상주해수욕장'이 멀리 보이는 듯하다. 그러나 차는 보리암을 향하여 산으로 올라간다. 산 속에 제법 큰 저수지가 나타나고 산봉우리에는 회백색 바위들이 산뜻하게 펼쳐진다. 마치 녹색 에메랄드빛 산에 보석처럼 아름답게 박혀 있는 듯하고, 30여 개의 작은 바위가 흰 꽃처럼 피어있는 듯도 하다.

그러나 시간이 늦었다고 입장도 못 하고 되돌아가야만 했다. 참으로 한심한 가이드에 한심한 운전사다. '원예예술촌'은 부차적이고 주관광지는 '보리암'인데 중요하지 않은 원예 예술촌을 관광하고 중요한 보리암 관광을 놓치다니! 너무 화가 났으나 다른 사람들도 조용하니 참는 도리밖에 없었다. 날짜를 잘못 잡은 탓도 있으니 이해할 수밖에 없다.

나오면서 보니 창선도 해안의 갯벌이 계속되고, 정겨운 포구와 아름다운 섬들도 계속되는 듯하다. 멀리 삼천포 화력발전소 탑 세 개가 우뚝 솟아 있다. 그 뒤에는 지난번 사량도 여행 때 봤던 고층아파트들도 보인다. 다시 늑도대교, 초양대교를 지나니 다리 아래쪽 바다에도 아름다운 섬과 배들이 그림처럼 물 위에 떠 있다.

여행의 주목적인 보리암을 못 봐서 서운했는데, 대신 너무나 황홀한 절경을 보고 있는 것이다. 그렇다! 오늘 여행의 백미(白眉)는 '보리암'이 아니라 '한국의 아름다운 길'이다! 삼천포대교, 초양대교, 늑도대교에서 본 아름답고, 황홀한 삼천포의 절경(絶景)이다! 다시 말하면 호수처럼 잔잔하고 아늑한 바다 위에, 아름다운 섬들과 단아(端雅)하고 청아(淸雅)한 집들과 포구들이 어우러져서 그림처럼 아름답고 황홀한 '한국의 길'이다!

6시 35분경 사천 근처의 와룡산 백천사에 도착했다. 보리암을 못 본 대신 백천사를 관광한다고 했다. 대소 건물이 열 채 정도인 소규모 사찰인 듯했다. 특이한 점은 대웅전이 2층으로 되어 있고 지붕의 처마도 위로 살짝 솟아 있었다. 중국의 기와집이나 단양, 구인사의 처마보다는 덜 솟았지만, 좀 화려한 모습이 조계종은 아닌 듯하다.

백천감로수(百泉甘露水)가 있어서 마셔보니 아래에 있는 약수와 비슷한 맛이다. 달지는 않지만 담백해서, 상상하는 감로수보다 더 맛있는 것 같다. 중국 승려라는 포대화상 미륵불이 있는데 배가 불룩하고 미소 띤 둥글넓적한 얼굴이 우스꽝스럽다. 소가 목탁 소리를 내는 '우보살집'도 있다. 미물인 소가 보살이라니 우상 숭배를 하는 듯하다. 관세음보살도 세련되고 화려하게 잘 생긴 것 같다.

태국 등 남방의 소승불교처럼 금 옷을 입은 와불(臥佛)도 있다. 지금까지 본 우리나라의 사찰과는 너무 다른 특이한 절인데 아마 중국 절의 분파인 듯하다. 아무튼, 어느 분파이건 중생을 구제하는 종교의 목적은 같은 것이니 이 절을 찾는 많은 사람들이 성불(成佛)을 이루고 행복했으면 좋겠다.

꿩 대신 닭이라고 교통이 불편한 보리암 대신 교통이 편리하고 원불교처럼 현실적인 백천사를 관광한 것도 이번 여행의 큰 보람인 듯하다. 또한, 삼천포대교, 초양대교, 늑도대교에서 바라본 삼천포의 황홀한 절경을 확인한 것도 이번 여행의 큰 보람이었다. 또한, 삼천포를 비롯하여 통영, 여수, 진해, 거제도 등 우리 남해안이 세계 최고의 관광지가 되리라고 확신하는 것도 이번 여행의 큰 보람이었다. 그리고 살기 힘들다고 아우성이지만, 구름처럼 많은 사람들이 여행과 레저(行樂)를 즐기는 우리나라는, 아직도 행복한 나라라는 것도 이번 여행에서 확인하였다.

세계 최고의 절경(絶景)을 간직한 우리나라가, 세계 최고의 문화인 孔·孟의 德(仁·義·禮·智)을 르네상스(재생, 부활)처럼 되찾아서, 弘益(extension of welfare)을 앞당기고 진정으로 '행복한 나라'(에우토피아)가 되기를 기원하면서 귀갓길에 올랐다.

순천만 정원박람회

_2013년 6월 2일 일요일

외국의 대표적인 정원과 우리나라 정원을 비교하기 위해 7시 50분경 집에서 출발했다. 오늘 날씨는 18도에서 30도라는데 6월 초인데도 한여름처럼 낮에는 덥다고 한다. 그러나 특이하게도 강릉은 최고 21도, 부산은 24도로 시원하다고 하는데 시원한 바람이 불기 때문이란다.

전주가 최고 30도라니 순천은 약 27도 정도 될 것 같다. 이 정도 기후라면 넓은 정원을 햇볕 아래 걸어서 관람하기에 큰 지장이 없을 것이다. 8시 40분에 마운틴 여행사 버스를 타니 가이드가 없다. 인원이 적어서 가이드를 배정받지 못했단다. 30명인데 적다고 하여 이상하게 생각하고 있는데 예약을 취소한 사람이 많이 와서 그렇단다. 마운틴 여행사가 좀 이상하다.

지난번 남해도 여행 때는 남해를 모르는 엉뚱한 가이드를 보내더니, 이번에는 사람들이 적지 않은데도 가이드가 없다. 가이드가 없으면 여러 가지로 불편한 점들이 많다. 우선 운전사가 운전 중에 잘 모르는 관광지를 설명해야 하니, 몹시 불안하다. 운전사가 식사 배식도 신경 써야 하고, 요금 징수도 직접 해야 하니, 시간 낭비도 심하다. 물론 설명도 잘못하니, 여행의 즐거움도 반감(半減)된다.

식사 후 염려했던 대로 운전사가 과속을 한다. 지난번 불영계곡 관광 때처럼, 곡예 하듯이 이리저리 앞차를 추월한다. 그때는 위험한 여행을 취소하고 문막휴게소에서 강릉으로 갔지. 그리고 전화위복으로 '선교장(船橋莊)'을 관광했지. 이번에는 취소할 수도 없어서, 피할 수 없는 위험이라 생각하고 즐기는 도리밖에 없을 것 같다.

주위를 보니 얼마 전까지 지천으로 피어있던 '이팝나무 꽃(쌀밥을 높이 담아 놓은 것 같다고 해서 이팝나무 꽃이라고 함)'이 흔적도 없이 사라져 버리고 보이지 않았다. 매탄동 '어린이 무지개공원' 팻말에는, 이팝나무가 6월에 꽃이 활짝 피어서 마치 흰 눈이 쌓인 눈꽃처럼 아름답다고 했는데, 표시가 잘못 된 것 같다. 아니면, 대기오염(CO2)으로 기후가 온난화되어, 5월의 봄 기후가 6월의 여름 기후로 바뀌었기 때문일 것이다. 우리나라 기후도 점점 아열대 기후로 변화한다고 하니, 나처럼 더위에 약한 사람은 여름 보내기가 더욱더 어려울 것 같다. 빨리 무공해 청정 대체 에너지(풍력, 태양광 등)를 집중적으로 개발해야 하는데, 잘 모르는 정부나 정당 등이 답답하기만 하다.

이번 여름에도 전기가 비상이라고들 야단인데, 전력난의 원인을 해결하기보다는 절전 강요에만 열심이니 불안하기만 하다. 신문 보도가 사실이라면, 태양광, 풍력발전에 10조 원 정도만 투자해도 우리나라 대부분의 가정 전기가 해결된다고 하는데, 알기나 하는지 모르겠다.

10시 10분 전에 논산 근처의 탄천휴게소에 도착했다. 운전사가 직접 여행 경비를 받고 인원 파악을 하느라 지체한 후 10시 15분경에서야 출발했다. 휴게소를 출발하기 전에 스님이 버스에서 인사를 한다. 오래전부터 노약자, 고아들을 돌보는데 최근에 찬조가 없어서 자금난이 심하다고 한다. 100원도 좋고 200원도 좋다고 한다. 1,000원을 시주하니 '성불하십시오.'라고 인사한다. 가이드가 없으니, 기사가 운전하면서 설명도 한다. 서울에서 순천까지 약 350km이며 왕복 700km라고 한다. 경부고속도로, 천안논산고속도로, 호남고속도로, 완주·순천고속도로를 타는 고속도로 여행이라고 한다. 친절하게 설명하는데, 어설픈 가이드보다 더 잘하는 것 같다.

자리가 남아서 흔들리는 뒷자리에서 앞자리에 와 앉으니, 전망이 시원하게 잘 보여서 좋다. 논산에서 전주까지는 약 40km이고, 광주까지가 약 130km라고 표시되어 있다. 바로 앞, 좌측의 운전사는 계속 전화를 하고 있다. 속도계를 보니 시속 120km 정도인데, 아마 식당에 점심 식사를 예약하는 듯하다. 가이드가 할 일을 능숙하게 처리하는 것은 보니, 가이드 없이 도 여행안내를 많이 한 것 같다. 10시 35분경 익산을 지나서 호남고속도로로 진입한다. 조금 달리다가 전주로 가지 않고, 완주·순천고속도로로 진입한다. 완주, 순천 간 고속도로는 여수엑스포 때 개통되었고, 시간이 2시간이나 단축된다고 한다.

또 터널이 32개나 된다고 한다. 터널이 많다는 대전, 통영 간 고속도로가 26개인데 32개이면 거리에 비하여 우리나라에서 가장 많을 것이다. 조금 가니 임실군 '오수'가 나오는데 친절한 운전사는 주인을 구한 개 이야기도 들려준다.

주인이 술에 취하여 잔디밭에 잠이 들고, 주위에 불이 번지자 개가 불을 끄고 주인을 구했다고 한다. 그래서 오수에는 보신탕집이 없다고 한다. 조금 더 가니 남원이 나오고 길가에 '춘향 주차장'이라고 표시되어있다. 웬만한 가이드 못지않은 운전사가 또 친절히 설명한다. 이몽룡의 고향이 경북 영주라고 한다. 경상도 청년과 전라도 여자인 춘향의 만남이 최초의 영호남 화합일 것이라고도 한다.

11시 19분경 순천 47km, 화엄사 10km라고 표시되었고, 천마터널을 지난다. 중간쯤, 출구까지 2km라고 표시되어서 아주 긴 터널인 듯하다. 곳곳에 아름다운 무지개 색깔이 영롱하게 비치는 특이한 터널이다. 11시 45분경 순천에 도착하고 12시경 유명한 '갈대밭' 입구 근처에 주차했다. 순천의 명물이라는 '짱뚱어탕'으로 점심 식사를 했다. 처음 먹어서 그런지, 기대가 너무 컸던 탓인지, 생각보다는 맛이 훌륭하지 못했다. 추어탕 비슷한데 시원한 맛이 덜한 듯하고 약간 단맛이 감도는 듯하여, 내 입에는 추어탕보다 좀 못한 것 같았다. 또한, 양념(후추, 산초, 청양고추, 마늘 등)이 따로 없으니, 톡 쏘고, 상큼하고, 시원한 맛이 덜한 것 같았다. 조미료 등 양념이 들어있다고 하나, 추어탕처럼 밖에 구비해 놓아야 하는데 믿을 수가 없다.

여행객 중에는 냄새가 싫어서 메뉴를 바꿨다는 사람도 있고, 미리 준비해 놓으니 미지근하여 맛이 못하다는 사람도 있다. 부식인 서대 구이도 너무 짜서 맛이 별로였다. 꼬막무침은 담백하고, 쫀득쫀득하고, 간간하고(약간 짜면서 맛이 좋고), 감칠맛(글루탐산의 입에 착착 달라붙는 맛)이 나면서, 그런대로 좋은 편이었다. 처음 먹어보는 별미라 생각하고 밥을 한 공기 반 정도 말아서 다소 게걸스럽게 먹었다.

식당 앞에서 한 남자가 버스에 타고 축령산을 소개한다. 오래된 편백나무가 250만 그루라고 한다. 편백나무 가루가 들어있는 베개를 팔고 있다. 편백나무는 살균작용이 강하고, 장마철에도 눅눅하지 않고 코골이에도 좋다고 한다. 아내가 1만 원에 하나 샀는데, 코골이에 효과가 있는 것 같지는 않은 듯했다.

오후 1시경에 정원박람회장에 도착하고 4시까지 관람하고 돌아오란다. 안내소에 가서 지도를 받고 물으니, 외국 정원부터 관람하라고 한다. 너무 넓고 볼 것이 많아서 4시까지 다 못 볼 것이라고도 한다. 서쪽에 있는 한국 정원 등은 다음에 봐야 된다고 한다. 대충 보면 다 볼 수 있겠지만, 자세히 보고 기행문 준비를 위해 메모를 해야 하므로, 안내원의 설명대로 한 번에 다 보고 기록하지 못할 것 같아서 불안하다.

박람회장을 잘 아는 전문가이드가 있었다면, 중요하지 않은 점심 식사를 버스 안에서 해결하고, 12시경부터 관람하게 안내하였을 것이다. 4시간 동안 요령껏 관람하면 전부를 관람하는 보람찬 여행이 될 터인데……. 아무튼, 가능한 한 많이 보기 위하여 동남쪽으로 향했다. 처음으로 '실내정원(Indoor garden)'이 등장 한다. 우리 집 화분에 있는 소나무 잎 같은 나무가 있는데 '프레리스(고사릿과)'라고 한다. '대만 고무나무', '종려죽', '미인수', '관음죽' 들이 보인다.

주로 선인장으로 장식된 '사막정원'도 있고 '한국 전통정원'도 있다. 한국정원의 특징은 자연 그대로의 아름다움을 담아, 선비 계층, 왕실, 귀족 등 상류사회에서 조성되었다고 한다. '궁궐정원', '사대부정원', '별서정원', '사찰정원', '향교정원' 등으로 분류된다고 한다. 인간이 자연 위에 군림하는 존재가 아니라 자연과 조화를 이루며 살아가는 존재라는 뜻이라고 한다. 선조들의 자연 친화적 성품을 잘 반영했고, 이러한 성향은 서양은 물론 중국, 일본 등 어디서도 볼 수 없는 우리나라만의 정원 특성이라고 한다.

유교나 도가사상, 풍수 등 당시 사람들의 사상을 잘 반영한 구성요소들로 이루어졌다고 한다. 궁궐정원은 '경회루' 등이고 선비정원은 담양 '소쇄원', 강진 '다산초당', 봉화 '청암정' 등이고 사찰정원은 '해인사', '화엄사' 등이라고 한다. 이 정도의 설명이라면 한국정원을 따로 보지 않아도 외국정원과 비교 평가할 수 있을 것 같아서, 처음 불안했던 마음이 한결 가벼워

지기도 한다.

길가에 비목나무, 노각나무 등 나무들이 많고, 곳곳에 'SUNCHEON, BAY GARDEN EXPO 2013'이라고 쓰여 있다. '태국정원'으로 들어가니 전통건축물인 살라타이와 대나무 구조물을 활용하여 아열대 열기를 피하려는 지혜를 보여준다고 한다. 전체적으로 화려하고 원색적이나 잘 정돈된 느낌이란다. 종려나무, 소철 등도 보이고 남방 특유의 뾰족한 집도 있다. 너와집 같은 나뭇잎 집도 있고 초가집도 있다. 잔디밭에 논을 조성하여 모내기까지 했는데, 쌀 수출국임을 과시하는 듯하다.

'참여정원'은 우리나라 각 지역에서 조성한 정원인데 너무 넓어서 자세하게 볼 수가 없다. '일본정원'은 산을 배경으로, 계곡이 있는 일본 전통정원을 재현했다고 한다. 사가현의 유명한 세후리산과 아리아케 연못을 형상화했다고 하며 전통 문인 나가야 문을 볼 수 있다고 한다. 소나무, 후피향나무, 산딸나무, 불두화, 단풍나무 등 우리와 비슷하다. 동백나무, 광나무, 배롱나무도 있다. '일본 고치현정원'도 매화나무, 배롱나무, 소나무 등 특별하지는 않다.

'영국정원'은 풍경화를 그리듯 자연으로의 회기와 상상력을 발현하는 빅토리아 시대의 아름다움을 최대한 자연스럽게 보이도록 조성되었다고 한다. 영국인들은 정원에서 가족 나들이와 예술을 즐기는 공간으로 활용한다고 한다. 정원에는 역시나 장미꽃 천지다. 붉은 꽃, 연분홍, 흰 장미, 노란색, 연노랑 장미 등 무려 12가지란다. 장미꽃은 꽃 중의 꽃이라더니 여기서 실감하는 듯하다. 길가에 기화요초(琪花瑤草)들이 많은데 참당귀꽃이 이팝나무 꽃처럼 우아하고 인상적이다.

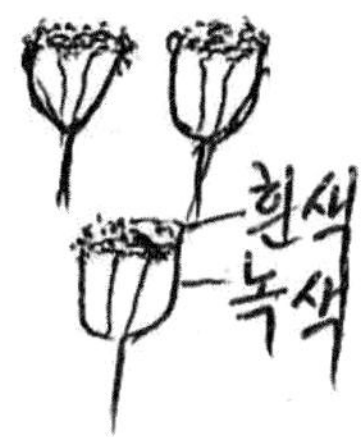

'터키정원'은 중앙아시아의 아름다움과 터키인의 미적 감각을 잘 반영했다고 한다. 이스탄불의 궁전 정원처럼 사철나무 비슷한 서양 주목나무들을 인공으로 가꾸어 배열한 것이 특이하다. '안탈리아(ANTALYA)'를 사진으로 홍보하고 있는데, 터키인들은 안탈리아를 관광명소로 생각하는 듯하다.

'이탈리아정원'은 르네상스 시대, 메디치가의 빌라 정원을 재현했다고 한다. 지형을 살리기 위한 계단식 설계, 큰 나무와 작은 나무의 조화로운 배치가 예술적으로 어우러진다고 한다. 인조 정원이 넓고 시원하게 펼쳐지는데, 좌우 대칭이 원칙이라고 한다. 언덕 위에 집을 짓고 정원을 조성했으며, 영국, 프랑스 등 정원의 모태(母胎)라고 한다. 중세 수도원 정원은 방어적이고 폐쇄적이었는데, 르네상스 시대에는 개방되었다고 한다. 우리도 빨리 최상의 문화인 공·맹(孔·孟)의 德(仁·義·禮·智)을 르네상스(부활, 재생) 하여 우리의 염원인 홍익(弘益)을 실현해야 할 것이다.

'안데스, 아마존정원'은 정원이 없고, 간단한 설명과 함께 음악만 있고 기념품 판매만 하고 있다.

'미국정원'은 복잡하고 다양한 양식이 함께 나타난다고 한다. 광대한 지역적 특성과 여유로움을 느낄 수 있다고 한다. 넓은 잔디밭에 옥외 거실처럼 이용하는 개인의 가치가 존중되는 정원이라고 한다.

'네덜란드정원'은 넓은 잔디밭에 큰 풍차와 여러 가지 꽃밭들로만 조성되어 있다. 총천연색의 화려한 꽃들이 너무 많아서 그저 '꽃은 꽃이다'라고 할 수밖에 없다. 그러나 네덜란드를 대표하는 튤립이 없어서 옥에 티같이 느껴졌다.

'서울의 정원'도 있는데 밤섬을 표현했다고 하며, 서울을 대표하는 10가지 색을 설명하고 있다. 서울은 하늘색, 남산은 초록색, 꽃담은 황토색, 고궁은 갈색, 기와는 진회색, 단청은 빨간색, 돌담은 회색, 한강은 백색, 삼베는 연미색, 은행은 노란색이다.

'독일정원'은 자연을 거스르지 않는 방법으로 아름다움을 추구하는 정신이라고 한다. 꾸밈없는 자연의 모습을 담은 평화로운 정경을 보여준다고 한다. 높은 곳에서 낮은 곳을 바라보는 정원이라고 하는데, 전체적으로 이탈리아 정원과 비슷하다.

'중국정원'은 양산백과 축영대의 사랑 이야기를 담은 정원이라고 한다. 구름과 물, 다리, 돌, 나무 등이 어우러진 중국 전통 조경 기법을 활용했다고 한다. 백철쭉, 느릅나무, 조팝나무, 소나무 등 우리와 비슷하다. 팽나무, 자목련, 배롱나무도 있고 휘휘 늘어진 수양버들이 중국 시인의 말을 빌리면, '별당(別堂) 같은 누각(樓閣) 옆에 맑고 푸른 버드나무 잎이 새롭구나!(別樓淸靑柳色新)'라고 표현해 본다!

'프랑스정원'은 루이 14세가 유럽 문화의 중심으로 생각하고자 했던 꿈과 소망을 담은 베르사유궁전을 모델로 했다고 한다. 화려하고 질서정연한 아름다움을 보여준다고 하다. 이탈리아, 독일정원과 비슷하고, 인조 정원의 표본인 것 같다. 우리나라 싸리나무 같은 회양목으로 꾸몄는데 대칭적이면서도 세련미가 있는 것 같다. 시간이 없어서 정원의 백미(白眉)인 우리나라 정원은 보지 못했지만, 앞의 '실내정원'에 많이 설명되어 있으므로 아쉬움을 어느 정도 달랠 수 있었다. 사실 많은 나라의, 방대한 정원들을 한 곳에 조성(造成)한다는 것은 거의 불가능할 것이다. 그리고 시간이 많아도 복잡한 정원의 진면목을 파악한다는 것은 거의 불가능할 것이다. 그래서 전체적으로, 포괄적으로 여러 나라의 정원을 관람한 감상을 간단히 정리해 보기로 한다.

첫째, 평소에 느낀 대로 서양의 정원은 대체로 인공을 많이 가미(加味)한 '인조(人造) 정원'이고, 동양의 정원은 대체로 인공을 조금 가미하고 자연을 살린 '자연 정원'이라는 특징이 있는 것 같다.

둘째, 우리나라의 정원은 대체로 궁궐이나 선비 등 특수 계층의 정원이 많고, 서양의 정원은 일반 국민들과 더불어 즐기는 정원이 많은 것 같다.

셋째, 우리나라 정원은 산과 계곡 등에 많은 것 같아서 물이 많은 것 같고, 서양의 정원은 평지나 언덕에 많은 것 같아서 물이 귀한 것 같다.

넷째, 서양의 정원은 꽃나무가 많은 것 같고, 나무도 인공으로 꽃처럼 아름답게 꾸며서 원색적이고, 화려하며 실용적인 것 같다. 반면에 우리의 정원은 나무와 숲, 물, 바위 등이 어우러져서 자연적이면서 조화롭고, 초록이 눈과 마음을 평안하게 해주는 듯하다. 또한, 피톤치드 향기 등으로 마음을 상쾌하게 해주는 듯도 하다.

서양의 정원이나, 우리나라의 정원이나 각각 장·단점이 있을 것이다. 그래서 지금은 우리나라 정원도 우리 정원과 서양 정원의 장점을 살려서 조성할 것이다. 자세히 몰라서 장담할 수 없지만, 웰빙(참살이) 장수 시대를 맞아, 정원 문화도 건강에 이로운 우리나라 정원이 더 훌륭할 것이다. 다시 말하면 숲에서 맑은 공기와 피톤치드를 듬뿍 뿜어 주어서, 심신(心身)이 편안하고, 재충전 강도를 높여주는 우리나라 정원이 더 훌륭할 것이다.

오후 4시 5분경 빨리 출발하여 돌아오니, 갈 때 지났던 긴 터널이 나타난다. '천마터널'이라고 하는데 길이가 3,900여 미터라고 적혀있다. 4km 정도인 '죽령터널' 다음으로 긴 터널인 듯하다. 전주 근처에 오니 산에 은빛으로 휘황찬란하게 빛나는 백소사나무 천지다. 참으로 환상적인 절경이다. 그렇다! 교통이 편리한 지금은 삼천리 금수강산인 우리나라 산천과 바다가 최고, 최상의 정원이리라! 곡선으로 이루어진 아름답고 부드러운 산봉우리와 능선들, 유유히 감돌아 흐르는 아름답고 부드러운 강물들, 명경지수처럼 잔잔한 바다 위에 밤낮으로 떠 있는 아름답고 부드러운 섬! 섬! 섬들!

사시사철 울긋불긋, 휘황찬란하게 변화무쌍한 우리의 산과 들이 최고, 최상의 정원이리라! 최상의 정원인 금수강산과 최상의 문화인 유(儒), 불(佛), 선(仙)의 문화와 함께 사는 것을 하느님에게 감사드리며 다음과 같이 노래해 본다.

사계절의 노래

1) 이 강산에 봄이 왔네, 산으로 들로 가자(賞春歌)
2) 아름다운 여름이네, 바다로 들고 가자(賞夏歌)
3) 시원스런 가을이네, 산으로 들로 가자(賞秋歌)
4) 은빛 세상 겨울이네, 산으로 들로 가자(賞冬歌)

1) 강물 따라 세월 따라, 즐겁게 살아가리
(봄은 즐거운 계절)
2) 냇물 따라 바람 따라, 기쁘게 살아가리
(여름은 기쁜 계절)

3) 강물 따라 세월 따라, 열심히 살아가리

(가을은 열심히 수확하는 계절)

4) 바람 따라 세월 따라, 보람 껏 살아가리

(겨울은 새로운 문화를 창출하는 보람찬 계절)

1) 복사꽃 핀 무릉도원, 행복한 우리나라

2) 淸靑山川 한려수도, 절경의 우리나라

3) 천자만홍 금수강산, 복 받은 우리나라

4) 반짝이는 흰 꽃구름, 하늘로 피어나고

1) 우리 모두 한맘으로 홍익을 실현하리

2) 우리 모두 단결하여 홍익을 실현하리

3) 우리 모두 화합하여 홍익을 실현하리

4) 하늘의 뜻 도덕으로 홍익을 실현하리

* 도덕(道德): 오상(五常)의 덕(德)인 인(仁), 의(義), 예(禮), 지(智), 신(信).

장성 축령산, 백양사 여행

_2013년 6월 6일 목요일

현충일이라서 반국기를 게양하고 장성 편백 숲 여행을 떠났다. 날씨는 오늘도 최고 30도로 무덥다고 한다. 그러나 어제 나의 책 『새로운 유토피아』를 거의 완전하게 교정을 했으니 마음은 시원하다. 성의 없는 마운틴 여행사 대신에 동백 여행사를 택했는데, 8시에 온다는 차가 8시 20분경에서야 도착했다.

축령산은 인기가 있는 듯 정원이 45명인데 꽉 찼다. 아내와 민희도 따로 자리하고, 나는 맨 뒷좌석 가운데 앉았다. 내 옆에는 교회 다니는 사람들이 앉았는데 60세 정도의 회원들인 것 같았다. 내가 작곡한 '성가(聖歌)'가 찬송가와 겹치는 것 같아서 음을 들려주니, 찬송가와 비슷한 것 같기도 하지만, 많이 다르단다. 표절이 아니라서, 다음에 안심하고 책에 실어도 되겠다.

'우리는 거울처럼 맑은 사람들
해맑은 달을 보노라……'

오늘 가이드는 특이하게도 남자이다. 경희대학교 관광학과를 졸업했다는 전문가란다. 백양사도 관광한다고 하면서 설명을 한다. 어제 과음하여서 아직 맑은 정신이 아니라 자세히 알아들을 수는 없었으나, 스님의 꿈에 흰 양이 나타나서 백양사라고 명명했다고 한다.

먼저 백양사로 향하는데 버스가 입구를 지나 백양사 근처까지 진입했다. 전번에 백암산, 백양사를 관광하고 기행문을 써서 잘 아는 내가 가이드에게, 유명한 '백학봉'을 설명하지 않느냐고 물으니, 백양사는 처음 와서 잘 모른단다.

입구를 지나면 '백학봉'의 아름다움을 읊은 노산 이은상 선생의 시도 있고 쌍계루에는 포은 정몽주 선생의 시도 있는데 모른단다. 처음 오더라도 인터넷을 보고 백학봉, 쌍계루, 약사암 등 백암산의 유명한 관광지를 알아야 하는데, 이 가이드도 역시나 자칭 전문가인 듯하다. 내가 설명해주니, 그래도 알아보겠다고 겸손한 척은 한다.

약 40분 정도 백양사만 관광하고 점심 식사를 할 예정이라고 한다. 전번에 백학봉 스케치를 못 하여 섭섭했는데, 오늘 백학봉을 스케치하기로 했다. 시간이 없고, 너무 넓고, 복잡하고 노산 선생의 시처럼 너무나 조화(調和)로운 백학봉인지라 스케치하기가 쉽지 않았다. 그래도 하는 데까지, 몇 군데를 스케치해 보았다. 쌍계루에 있는 포은 선생의 詩도 다시 봤다.

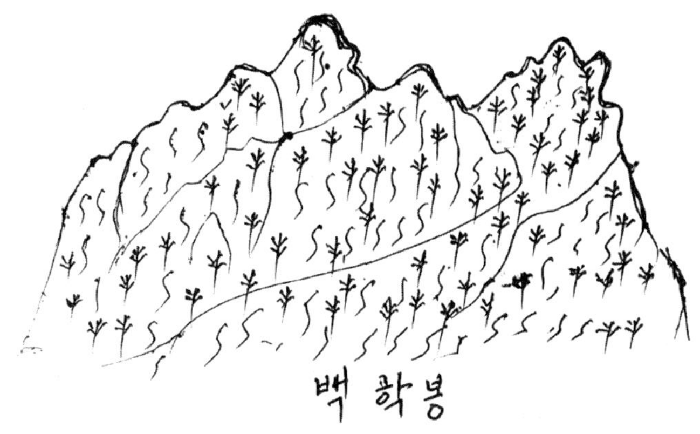

'지금 시를 써 달라 청하는 백암사(백양사) 스님을 만나니, 붓을 잡고 생각에 잠겨도 능히 읊지 못해 재주 없음이 부끄럽구나.

청수 스님이 누각을 세우니 이름이 더욱 중후하고,

목은 선생이 기문을 지으니 그 가치가 도리어 빛나도다.

노을빛 가득하니 저무는 산이 붉고,

달빛이 흘러 돌아 가을 물이 맑구나. 오랫동안 인간 세상에서 시달렸는데,

어느 날 옷을 떨치고 그대와 함께 올라보리.'

공부한 학자답게 겸손한 듯하다. 벼가 익으면 고개를 숙이듯이, 좋은 시를 쓰면서도 겸손한 마음은, 시보다는 학문이 더 중요하다는 뜻일 수도 있을 것이다. 청수 스님과 목은 선생을 존

경하는 마음도 겸양지심(謙讓之心)의 禮인 듯하다.

마지막 구절은 세상사가 마음에 들지 않아서, 망해가는 고려가 마음에 들지 않아서, 죽음을 예측한 것 같기도 하다. 내려오면서 보니 길옆에 오래된 단풍나무들이 있고, 애기단풍잎들이 미풍(微風)에 앙증맞게 한들거린다. 가이드의 미숙한 시간관리로 점심 식사 시간이 30분 정도 지연되었다. 미리 식당에 주문을 해야 하는데, 머뭇거리다가 식당에 도착한 후에 주문을 하니, 한참이나 더운 날씨에 기다려야 했다. 전번에 들렀던 바로 옆 전주식당보다 맛도 더 못한 듯했다. 예정 시간보다 늦은 오후 2시 30분경에 축령산에 도착했다. 편백 숲은 1956년부터 21년간 조성하였다고 한다. 편백나무에서 많이 분비되는 피톤치드(Phytoncide)도 잘 모르는 엉성한 가이드다.

오늘 여행의 목적이 항균(抗菌) 작용, 살균(殺菌) 작용을 한다는 피톤치드를 듬뿍 마시고, 도시 생활에서 찌든 심신(心身)을 맑게 하여 생활의 활력소를 찾는 것인데, 맑은 공기를 마신다는 등 엉뚱한 말만 한다. 백양사에서 시간을 허비한 탓인지 5시까지 오라고 한다. 날씨는 무덥고, 햇볕은 작열하고 바람도 없다. 어제 과음하여 과민성 대장염 증상 등으로 몸 상태가 좋지 않으니, 땀이 비 오듯이 흐른다. 날렵한 아내는 남의 속도 모르고 먼저 올라가 버리니, 더욱 힘들어서 포기하고 싶은 마음이 굴뚝같다. 그래도 나처럼 피곤한 사람들과 함께 이를 악물고 억지로 2km 정도 산길을 오르니, 안내소가 나타난다. 화장실에 들른 후, 찬물에 세수하니, 조금 나아지고 기운이 난다.

길옆에 설치된 약도를 보니 축령산이 한눈에 보여서 더욱더 기운이 나는데, 가이드가 미리 설명을 잘 해 주었더라면 좀 편한 마음으로 올라왔을 것이다.

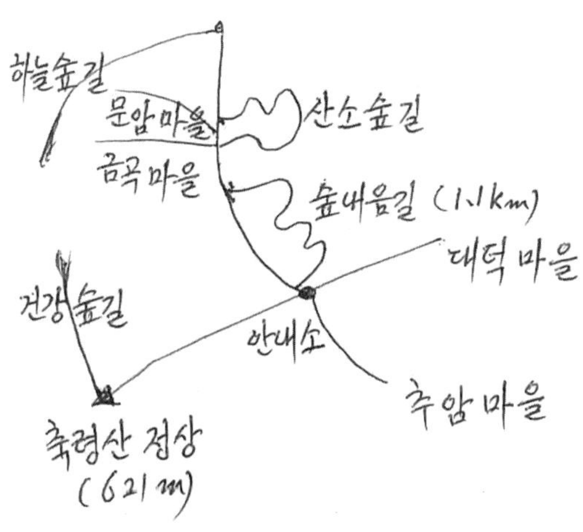

시간이 부족하니 '숲내음길'만 걷기로 하고 좀 내려가니 아름드리 낙엽송과 삼나무들이 숲을 이루고 있다. 조금 더 내려가니 숲내음길 분기점이 나오고 먼저 올라간 민희가 길가에서 있다. 다른 차 가이드가 시간이 없으니 더 가지 말라고 해서 기다린단다. 개성이 강한 민희가 가이드 말은 잘 듣는 것 같다. 숲내음길 왕복이 1시간 소요라고 하니 가는 데까지 가보기로 했다. 앞길을 모르면 불안하여 머뭇거리지만, 약도를 보고 길과 소요시간을 알면 편안하게 빨리 갈 수 있다고 민희에게 설명했다. 인생길도 마찬가지로 목표를 정하고 노력을 하면 마음 편안하게 빨리 갈 수 있는 것이다. 그래서 '시작이 반

(半)'이라는 말이 있는 것이다. 또한 '가야 할 항구(목표, 목적)가 없는 배의 돛을 향하여 바람은 결코 불어주지 않는다(세네카).'라는 명언도 있는 것이다.

또한 '군자는 근본(목표)을 가져야 하고, 근본이 확립되면 길이 보인다(君子務本 本立而道生), 논어, 학이편).'라는 말이 있는 것이다. 또한 '뜻(목표)이 있는 곳에 길이 있고(有志在道) 길이 있는 곳에 빛이 있다(在道有光).'라는 말이 있는 것이다. 개성이 강한 민희가 가이드 말을 잘 따르듯이, 나의 뜻도 알아듣고 목표를 달성하여 훌륭한 인문학자가 되기를 간절히 빌어 본다.

여기서부터는 본격적인 편백나무 숲이다. 높이가 30여 미터나 되는 듯한 아름드리 편백나무가 하늘을 찌를 듯이 쭉쭉 시원스레 뻗어있다. 피톤치드도 듬뿍 뿜어져 나오는 듯, 무더위도 거의 사라지고 가슴이 시원하게 확 트인다. 피톤치드의 항균, 살균 작용 때문인지 알레르기 비염으로 막힌 코도 시원하게 뚫리는 듯하다.

오른쪽 아래 설치된 의자와 둘 위에는 많은 사람이 우리나라 최고의 피톤치드 삼림욕을 즐기고 있는 듯하다. 여행을 좋아하는 아내는 한 번 갔던 곳은 두 번 잘 안 가는데, 축령산은 너무 좋아서 다시 왔다고 했다. 편백숲에서 삼림욕을 하면 너무 좋아서 떠나기 싫을 정도라고 했다. 과학적으로 설명하면, 숲에서 피톤치드 향기를 맡으면 기분이 상쾌해지고 곧이어 엔도르핀(천연 모르핀)이 분비되어 마약에 취한 듯, 환각 상태에 빠지기 때문일 것이다. 그래서 많은 사람들이 시간 가는 줄도 모르고 한없이 삼림욕을 즐기는지도 모르겠다.

아마 가이드가 멀리 가지 말라고 한 것도, 피톤치드 향에 취하여 시간을 지키지 못할 것 같아서 그랬는지도 모르겠다. 주위에 빽빽한 편백나무들 중에는 높이가 거의 40m나 되는 나무들도 있는 것 같다. 큰길로 좀 더 가니 오른쪽에 숲내음길이 보이고 좀 더 가다가 구불구불한 '숲내음길'로 되돌아왔다. 조금 내려오니 아내가 기다리고 있다. 따라올 줄 알고 기다렸다고 한다. 올라올 때 너무 덥고 힘들어서 천천히 왔기 때문에, 재빠른 아내는 멀리까지 간 줄 알았는데, 우리가 걱정이 되어 여기서 기다리고 있었다고 한다.

돌아오면서 보니 축령산은 높이에 비해 큰 계곡이나 바위가 드문 것 같다. 조그마한 얕은 계곡에서 물이 졸졸 흐르는 곳은 많은데 날씨가 무더워서인지 물이 아주 차지는 않다. 새소리도 희미하고 청량하지 않은 듯하다. 주위의 많은 사람들처럼 삼림욕을 더 즐기고 싶으나 항상 조급증에 시달리는 나는 아내를 독촉하여 빨리 돌아왔다.

孔子曰, '君子는 느긋하고 小人은 조급하다'라는데, 조급한 나는 小人인가?

빨리 남들보다 많이 공부하고, 빨리 남들보다 더 좋은 책을 쓰려는 욕심으로 조급한 것이니, 小人은 아닐 것이다. 그래서 물질주의가 만연(蔓延)한 어지러운 세상에서, 學德을 겸비한 君子(지성인)가 되기 위해서는 더욱 조급히 공부하고, 사색하고, 저술해야 할 것이다. 나아가 선비(學德을 겸비하고 예술을 하는 멋진 사람) 같은 지성인이 되기 위해서는 더욱더 조급히 공부하고, 사색하고, 저술해야 할 것이다.

안내소에 오니 편백 숲은 조성한 사람의 공적비가 있다(춘원 임종국 조림 공적비). 해마다 많은 인력을 동원하여 숲은 가꿨다고 설명되어 있다. 이 외에도 많은 업적이 기록되어 있는데 시간이 모자라서 메모하지 못했다.

내려오면서 보니 올라갈 때 편백나무인 줄 알았던 나무가 거의 다 삼나무인 것 같다. 편백나무와 삼나무는 비슷하여 갈색 줄기로는 구분이 안 되는 것 같다. 편백은 나무 윗부분에 가지와 잎이 부챗살처럼 가지런하게 펼쳐져 있고, 삼나무는 나무 중간 정도부터 가지와 잎이 나 있고, 잎의 모양도 소나무 잎처럼, 더벅머리처럼 듬성듬성한 것 같다. 너무 더워 땀을 많이 흘려서인지 시원한 팥빙수 생각이 간절한데, 마침 길에서 얼음과자를 팔고 있다. 천 원에 사서 먹었는데, 입안이 얼얼할 정도로 차갑고, 가슴이 확 트일 정도로 시원한 맛이 일품(逸品)이었다. 아래로 내려오니 길가에 산벚꽃 같은 희고 작은 꽃들이 매화처럼 아름답다. 아름다운 분홍색 꽃도 있는데, 이름을 모르니 '꽃은 꽃이다'라면서 즐기는 도리밖에 없었다. 건너편 동쪽으로 산 아래 언덕 전체가 백소사나무 잎으로 휘황찬란하게 빛나고 있다. 이 또한 '화림야부백광사(花林野浮白光射 꽃 숲은 벌판에 떠 있는 듯 희게 빛나고)'다.

버스를 타고 돌아오는 길가에 붉은 장미꽃들 천지다. 장미는 꽃 중의 꽃이라는데, 이제 우리 꽃이 된 듯, 곳곳에 많이 피어있다. 노란 국화처럼 아름다운 꽃도 흐드러지게 많은데, '금계국'이라고 한다. 내가 기행문을 쓴다고 하니 옆에 앉은 여자 관광객이 스마트폰으로 찾아서 알려준다. 자세히 보면 무궁화 훈장 같이 생겼다고 한단다. 6월의 꽃은 장미, 철쭉과 함께 '금계국'임도 오늘 확인했다. 그리고 연한 미색으로 해맑게 빛나는 밤나무 꽃도 6월의 꽃이다.

날이 무덥고 몸 상태가 좋지 않아서 고생했으나, 이번에도 많은 것을 보고, 듣고, 느끼고, 기록한 보람 있는 수학여행(修學旅行)인 것 같다.

이러한 경우도 고진감래(苦盡甘來)이리라!

청량산 협곡열차 여행

_2013년 7월 7일 일요일

오전 6신 46분경 잠실행 버스(1112)를 타고 장지역에 도착, 지하철 8호선을 타고 잠실역에 도착 후, 2호선으로 갈아타고 종합운동장역에 도착, 아름 여행사 버스로 8시경에 출발했다. 협곡열차 여행은 인기가 있는 듯 43명이란다. 민희 옆 한 자리만 비었고, 좌석이 다 찬 것 같다. 날씨는 흐리고 시원하다. 어제까지 30도 정도로 무더웠는데, 오늘부터 장마철이라 그런지 시원하다고 한다. 다행히 오늘은 비가 오지 않을 것이라고 한다. 길가에 6월에 많이 피어 있었던 금계국이 노랗게 피어 있어서 즐거움을 더해 준다.

29세 소띠라는 남자 가이드가 경험이 부족한 듯, 좀 어눌하게 설명한다. 민희가 자기와 나이가 같다고 반가워한다. 지난번 동백 여행사도 남자 가이드였는데 마운틴관광 외 다른 여행사는 남자 가이드가 많은 것 같다.

9시 20분경 원주 '치악 휴게소'에 도착했다. 민희에게 농담으로 '치약 휴게소'에 왔으니 치약으로 양치질을 해야 한다고 치약을 주려니, 싱긋 웃으면서 정중하게 거절한다. 아침 식사 후라서 나만 양치질을 하는데, 화장실이 수리 중이라 간이화장실에서 불편하게 양치질을 했다.

동쪽으로 치악산이 보이고 가이드가 좀 어눌하게 치악산의 내력을 설명한다. 악(岳)은 큰 산을 뜻한다고 한다. 10시 10분경 중앙고속도로에서 가장 긴 굴인 '죽령터널(4.6km)'을 지나니 '경상북도'라고 표시되어 있다.

곧이어 영주 시내를 통과하고 관찰력이 예리한 민희가 '단양우씨 종친회관'이라고 반가운 듯 소리친다. 길 서쪽 언덕 아래 제법 큰 건물이다. 지난번 환상선 기차여행 때도 영주를 지날 때 철길 옆에 '단양우씨 종친회'가 있었는데, 영주에는 단일본인 단양우씨가 많은 듯하여 친밀감이 든다. 가이드가 낙동강은 황지에서 출발하여 길이가 582km란다. 좀 어눌하지만 성실한 어린 가이드인 것 같다.

봉화군은 서울의 2배 넓이고 인구는 3만 4천 명에 불과한 청정 지역이란다. 낙동강 상류를 따라 내려오니 왼쪽 급류가 흐르는 강에서 '래프팅'을 하고 있다. 래프팅 명소인, 한두 척이 아니고 내려가면서 수십 척이나 되는 것 같다.

강 왼쪽(동쪽) 계곡 벽은 아름다운 암벽의 연속이다. 폭 30~40m 정도의 맑은 에메랄드빛 강물이 흐르는 넓은 계곡의 암벽은 온통 '살아있는 채석강(관목과 풀이 아름답고 조화롭게 어우러진 생동하는 채석강)'이고 그 위로는 백소사나뭇잎 등이 은빛으로 휘황찬란하게 빛나고 있다. 환상적이고 예술적인 절경의 표본인 듯하다.

11시 5분경 '청량산 박물관'에 도착했다. 3층 전망대에 오르니 눈 아래 물살을 이루며 세차게 흘러가는 폭이 약 30~40m의 강물과 '살아있는 채석강'의 계곡 벽면이 참으로 절경이다. 지도를 보니 '학소대'인 듯하다. 박물관 1층에 김생(711~?)의 글씨가 있다.

학소대

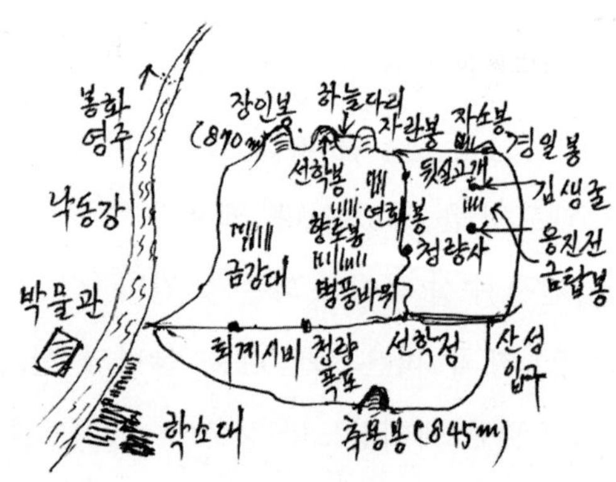

성덕왕 10년에 태어나서 80 평생을 글씨에 전념했다고 한다. 청량산 경일봉 동굴에서 10년간 글씨를 연마했다고 한다. 왕 퇴지체를 모범으로 안진경체의 골격을 보여 준다고 한다. 파격적 결구를 시도하여 틀에 박힌 짜임새보다는, 운치를 살리는데 힘을 기울인 필체라고 한다. 예서, 행서, 초서에 모두 입신의 경지에 이르렀다고 한다. 오래된 글씨라서 뜻도 모르겠고 평가도 힘들다. 바로 옆에 퇴계 이황(1501~1570)의 글씨도 있다. 퇴계 선생은 학자로도 유명했지만, 글씨로도 유명하다고 한다.

당시 연미유약(姸媚柔弱)한 송설체(松雪体)가 유행하던 때에 성리학적 행의 규범에 맞는 주경유려(遒勁流麗)한 왕희지의 서법을 모범으로 근엄단정(謹嚴端正)한 선비 글씨의 전형을 보여준다고 한다.

온고지신(溫故知新: 옛것을 익혀서 새것을 앎)

돈후숭례(敦厚崇禮: 인정이 두터움으로 예를 높이는 것)

퇴계 선생의 글씨는 뜻도 깊지만, 글씨체도 중후하면서도 반듯한 명필인 것 같다. 특히 '온고지신'은 내가 가장 좋아하는 '논어(위정편)'의 구절인데 퇴계 선생의 뜻과 나의 뜻이 비슷하다고 생각하니 감개무량(感慨無量)하기 짝이 없다!

전번(前番)에는(경영대 논문 '목민심서로 본 기업가 정신') 목민심서의 압권이 율기육조 중 '청심(淸心)이라고 강조했는데, 추사 선생, 작가 황인경 선생의 뜻과 일치하여 감개무량한

적도 있었지! 온고지신은 현재로는 혁신(innovation)의 뜻이니, 모든 분야가 온고지신의 정신으로 일취월장(日就月將) 발전하여 우리의 염원인 弘益, 유토피아를 앞당겨야 할 것이다!

또한 1층에는 청량산의 절경이 대형 컬러사진으로 전시되어 있다. '하늘다리 설경', '축융봉에서 바라본 청량산 운해', '연화봉', '향로봉', '금탑봉', '선학봉', '자란봉' 등 천하의 절경들이다. 그래서 옛날부터 선비들이 몰려들었던 것 같다. 12시경에 아담한 한옥인 '까치소리식당'에서 점심을 먹었다. 고등어 백반, 더덕 백반, 산채 백반 중 우리는 산채 백반 정식을 주문했다. 좀 이른 시간이나 아름다운 절경을 감상한지라 담백하고, 향긋하고, 웰빙 건강식인 산채 백반을 게걸스럽게 양껏 비벼 먹었다. 식사 후, 차를 타고 '선학정' 근처에서 내렸다. 지난번 가을 여행(2009년 11월 1일) 때는 관광객이 많아서 차가 입구에 주차하고 걸어서 선학정까지만 왔다가 돌아갔는데, 이번에는 관광객이 적어서 선학정까지 들어왔다. 12시 30분경인데, 3시 30분까지 관광하고 오라고 한다. 조금 오르니 문이 보이고 '淸凉山 淸凉寺'라고 새겨진 현판이 보인다.

시멘트로 포장된 가파른 산길을 오르니 계곡에서 흐르는 물소리가 웅장하다. 장마 때라서 수량이 풍부한 듯하다. 청량산답게 淸凉한 매미 소리도 웅장하여 테너 소리 같고, 여러 가지 소프라노 소리 같은 새소리와 어우러져서 소리의 장관을 연출하고 있다. 바리톤 같은 웅장한 물소리와 어우러지니, 완전한 오케스트라처럼 들린다. 가파른 계곡에는 작은 폭포가 계속

이어져 있고 흐르는 물소리가 우렁차다

그늘에 들어가니 엔도르핀이 분비되는 듯, 몸과 마음이 청량해지는 듯하다. 그러나 바람이 잔잔하고 급경사길이 계속되니 모두 힘들다고 한다. 조그만 지름길로 가면서 '질러가는 것이 최고다'라는 사람도 있다. 그러나 자세히 보니 지름길에는 돌이 많고 급경사를 이루는 언덕도 있는 등 위험해서 최고는 아닌 듯하다. '君子는 지름길로 가지 않고 바른길로 간다(義는 人之正路也(의는 사람의 올바른 길-맹자, 이루상 편).'는 성현의 말씀이 옳을 것이다. 올라갈수록 가파르고 바람이 불지 않으니, 땀이 비 오듯이 쏟아진다.

이번에도 '협곡열차 여행'이라기에 청량산에 오는 줄 모르고, 어젯밤 가벼운 마음으로 과음했던 터라 너무나 힘들다. 가까스로 입구에서 1.3km 정도인 청량사 아래까지 당도하니, 길옆에 설치한 수도관에서 물이 쏟아지고 있다. 얼른 세수하고 머리까지 적셨으나 그때뿐이었다. 등산이 아닌 관광이고, 유산(遊山)이니 가는 데까지만 가보자는 마음으로 청량사에 도착했다. 입구에서 청량사까지 머리 위 나뭇가지에는 약 1.5m 간격으로 오색 연등이 가느다란 줄로 연결되어 있었다. 하나같이 '부처님오신 날'이라고 쓰여 있는데 1,000여 개는 되는 것 같았다. 오색찬란한 꽃처럼 아름다우나 너무 많아서 낭비라는 생각이 들었다.

'청량사'는 신라 문무왕 때 원효, 의상대사가 창건했다고 한다. 본전(本殿)은 '대웅보전' 대신 '유리보전(琉璃寶殿)'이라고 한다. '금탑봉' 아래 '응진전'은 684년에 의상대사가 창건했다고 한다. 청량사를 중심으로 33개의 대, 소 암자가 있다. 사찰 북쪽으로 '살아있는 채석강'들로 이루어진 산봉우리들이 절경을 이루고 있으나' 절터가 너무 협소하여 좀 답답한 듯하다. 그러나 동남쪽으로는 시원하게 트여있다.

사찰 건물들은 나무계단으로 연결되어 있고, 곳곳에 설치된 물화분에는 붉은 연꽃이 한 송이씩 청아(淸雅)하게 피어 있다. 안내판을 보니 응진전 20분, 하늘다리 30~40분이라고 표시되어 있다.

시계를 보니 오후 1시 20분이다. 하늘다리까지 다녀올 시간은 되는 것 같다. 너무 무덥고 다리가 아프고 지쳤으나 가는 데까지 가 보기로 하고 혼자 출발했다. 나무계단으로 포장되어 있으나 너무 경사가 심하여 숨이 차고 땀이 비 오듯이 쏟아진다. 포기하고 싶었으니 마지막 기회라 생각하고 같이 오르는 주위의 사람들을 거울삼아 한 계단, 한 계단 계속 올랐다. 관광온 사람들은 대부분 중도에서 포기하고 내려오는 듯하다. 바람도 없고 하늘도 보이지 않는 답답한 계곡 숲속 길을 힘들게 오르던 중에, 오후 1시 53분경 능선에 올랐다. '뒤실고개'라고 안내판이 표시되어 있으며 동쪽으로 '자소봉' 0.7km, 서쪽으로 '하늘다리(Sky Bridge)' 0.5km, 아래로 '청량사' 0.8km라고 표지판이 있다. 처음으로 시원한 바람이 불어서 몸과 마음을 상쾌하게 해준다.

초등학교 때 동요가 생각난다.

산 위에서 부는 바람 시원한 바람
그 바람은 좋은 바람 고마운 바람
여름에 나무꾼이 나무를 할 때
이마에 맺힌 땀을 씻어준대요

무더운 여름에 나무꾼보다 더 높은 곳에 올라서(해발 약 800m) 땀이 가장 많이 나는 이마뿐만 아니라 온몸에 흐르는 땀을 씻어주는 고마운 바람이다! 잠시 후 능선까지 올랐다는 작은 성취감을 뒤로하고 목적지인 '하늘다리'로 향했다. 평탄한 길인 줄 알았는데, 험준한 능선이어서, 내리막, 오르막이 계속되어 올라올 때처럼 힘들다. 주위에서는 무심한 새 소리가 노래하는 듯하고 '끼루룩끼루룩' 하고 비웃는 듯도 한다. 조화롭고 청량한 소리가 아니고 '끼루룩끼루룩'을 지겹도록 반복하니 '되돌이표'를 좋아하는 음악성이 약한 새인 듯하다.

오후 2시 5분에 드디어 '하늘다리'에 올랐다. 해발 800m의 동쪽 '자란봉'과 서쪽 '선학봉'을 연결하는 길이 90m, 폭 1.2m의 구름다리다. 아래는 구름에 싸여 있고 그야말로 하늘에 떠 있는 '하늘다리'다. 지상 70m에 설치된 국내에서 가장 긴 현수교란다. 2008년 5월 유교문화권 관광개발 사업의 일환으로 설치되었다고 한다.

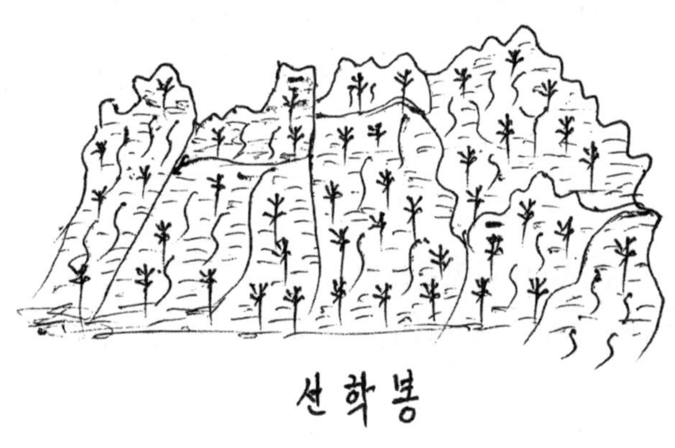
선학봉

'선학봉' 쪽으로 건너가려고 다리 위로 좀 나아가니 비바람이 너무 세차게 몰아친다. 윙윙 소리가 나면서 하늘로 날아갈 것 같다. 겨우 건너가더라도 되돌아오기가 어려울 것 같고, 시간도 촉박하여 포기하는 수밖에 없었다. 다른 사람들이 대부분 못 본 '하늘다리'의 절경을 보고 스케치까지 했으니, 중용(中庸), ((과유불급(過猶不及: 지나치면 모자람과 같다))의 마음으로 오후 2시 16분에 하산하기 시작했다. 조금 내려오니 올라오는 사람들이 너무 힘들다고 한다. 도봉산의 '죽음의 계단' 같다고 하는 사람도 있다. 그럴듯하다! 하늘에 오르는 길이 쉬울 수가 없지! 죽을 고생을 해야 하늘(천국)에 오를 둥 말 둥 하겠지! 그러나 산 위에 있는 하늘다리에 오르는 것은 잠시의 고생 후에 오를 수 있으므로 별것이 아니지. '우주 속 하늘의 길(天道)'은 아무나 오를 수 없는 특별한 길이고, 험난(險難)한 길이지! 꾸준히 공부하고, 사색하고, 연구하여 새로운 진리, 문화를 창출하고 저술해야 오를 둥 말 둥 하는 지난(至難)한 길이지!

얼마 전에 쓴 詩가 생각난다.

하늘의 길, 영원한 길

산 아래 여러 가지 길이 있습니다
넓고 큰길도 있고
좁고 작은 길도 있습니다
아름다운 길도 있고 험난한 길도 있습니다
나는 우선 사람들이 많이 다니는
넓고 아름다운 길로 올랐습니다
앞만 보고 열심히 오르다가
돌부리에 걸려 수없이 넘어지기도 했습니다
또한 한눈을 팔다가 여러 번 뒤처지기도 했습니다
오랜 세월이 지나 산봉우리에 오르니
너무나 낮아서 실망했습니다

더 높은 봉우리로 오르기 위하여
좁고 험난한 길로 다시 올랐습니다
높은 산으로 향하는 길은
사람들이 거의 다니지 않는 길이었습니다
보일 듯 말 듯 희미한 길이고
가시밭길이었습니다
수없이 넘어지고, 수없이 다친 후에
높은 산에 오르니
하늘의 길이 보였습니다
하늘의 길(天道)은 德(仁義禮智)의 길이고
'통찰(洞察: 온통 밝혀서 살핌)의 길입니다
꾸준히 공부, 사색하여 새로운 진리, 문화를 창출하는 길입니다
그리고 인류의 행복에 이바지하는 길입니다
또한, 지성인의 길이고
영원히 사는 길입니다

다시 내리막, 오르막길을 지난 후 '뒷실고개'에 도착했다. 올라갈 때는 몰랐는데, 동쪽으로 설치된 현판에 퇴계 선생의 詩가 보인다.

〈꿈에 청량산에 노닐면서〉
선경에 노는 일이 아직 흐리지 않았거늘
늙은 나이 이 몸이 꿈속에 허무하게 들었던가

어찌 알았으랴 이 신선의 목침을 베고 꿈속에서
저 청량산 아름다운 곳에 다시 올라간 것을

해석이 잘 못 되었는지 내용이 뚜렷하지 않은 것 같다.

경사가 너무 심하니 내려오기도 쉽지가 않다. 다리가 후들후들 떨리고 등산화가 작아서 엄지발가락 끝이 너무 아프다. 가끔 쉬면서 뒤로도 내려오고 지그재그로 내려오기도 하려니 올라갈 때와 시간이 거의 비슷하게 소요되는 듯하다. '청량사'에 도착하니 희게 빛나는 백소사나무가 많다. 처음으로 백소사나뭇잎을 자세히 보니 크기가 5×7cm 정도로 제법 크다. 앞면의 모양은 소사나무, 벚나무 등과 비슷한 것 같다. 뒷면은 녹색에 흰 가루를 뿌린 듯한데 이 뒷부분이 햇빛에 반사되어 멀리서 보면 벚꽃보다도 더 휘황찬란하게 빛나는 것이다! 나무줄기는 연한 갈색으로 배롱나무와 비슷하나 더 곧다. 중간중간에 흰색 무늬가 있어서 아름다움을 더해주는 듯하다.

오후 3시경에 아내에게서 전화가 왔다. 대부분의 사람들이 주차장에 있으니 빨리 내려오란다. 또다시 뒤로, 지그재그로 힘들게 내려오니 오후 3시 15분경이다. '연화교'를 지나 설치된 시원한 수돗물로 세수하고 머리를 적시니 시원하기 그지없다. 어려운 '하늘다리'까지 관광하고 기록을 했으니, 성취감으로 너무나 맑고 시원한(淸涼한) 淸涼山 관광이다!

오후 4시경에 '분천(汾川)역'에 도착했다. '협곡열차 시발점. 먹거리 장터'라고 현수막이 걸려있다. 분천마을 북쪽을 낙동강이 흐른다. 폭 20~30m 정도이고 맑은 물이다. 낙동강은 황지에서 출원하여 승부→ 분천→ 청량산으로 흐르는 것 같다. 분천은 물과 공기가 맑고 여름에도 시원하여 살기 좋은 마을인 것 같다. 역 근처에서 찹쌀동동주 한 대접과 해물파전을 먹었다. 양이 많아서 남길 정도로 후한 인심이다. 5시 15분에 분천역을 출발했다. 영월, 승부를 거쳐 철암역으로 간단다. 예쁘게 장식한 조그만 꼬마열차인데, 옛 추억을 살려 에어컨, 냉장고가 없단다. 의자는 앞으로도 향하고 양쪽 창가로도 향하게 설치되어 있다. 천장에는 별자리가 새겨져 있어서 굴속으로 들어가면 밤하늘의 반짝이는 별을 보는 듯하다고 한다. 선풍기 등 동력은 태양열을 사용한다니 참으로 좋은 발상이다. 다른 교통수단도 빨리 무공해 청정에너지(태양광, 풍력 등)로 대체해야 할 것이다!

조금 가니 오른쪽에 잔잔한 에메랄드빛 호수처럼 형성된 곳이 있는데 '강호'라고 한다. 그런데 흘러나오는 음악이 좀 시끄럽고 악을 쓰는 듯하여 절경에 어울리지 않은 것 같다. 협곡이라 많은 굴을 지나가니 금강송 숲이 나온다. 금강송은 껍질이 붉고 곧다고 하는데 지금 보이는 금강송이 춘양역 근처의 '춘양목'인 듯하다. '살아있는 채석강(관목과 풀이 어우러진 아름다운 암벽)'의 계곡이 계속되고 산에는 백소사나뭇잎들이 벚꽃보다 눈부시게, 은빛으로 휘황찬란하게 반짝인다. 세상에서 가장 아름답고, 조화롭고, 신비롭고, 환상적인, 예술적인 비경(祕境)이고 절경(絶景)이다!

강변에는 트래킹 코스도 있다. 조금 가니 우리나라에서 가장 작은 역이라는 '양원역'이 나온다. 4분간 정차하여 옥수수를 사니 5천 원에 4개로 싸지도 않고 맛도 별로다. 5시 44분경 '승부역'에 도착했다. '하늘도 세 평, 땅도 세 평'이라고 크게 쓰여 있다. 지난번 겨울 '환상선 눈꽃열차 여행' 때는 강물이 얼어붙어서 몰랐는데, 여름에 보니 폭 2~30m의 강물이 여울을 띠면서 아름답게 흘러간다. 너무나 아름다운 계곡의 암벽(살아있는 채석강)을 많이 봐서 그런지, 전번에 인상 깊게 봤던 '용관바위'는 평범해 보인다. 눈꽃으로 장식되지 않은 낙동강 상류도 절경이라고 했는데, 여름에 보는 낙동강 상류도 과연 절경임을 확인했다. 오후 6시경에 석포역을 통과하고 태백시로 접어들었다. 조금 후 철암역에 도착하여 대기하고 있던 관광버스로 귀가했다.

에필로그

이번 협곡열차 여행도 별로 기대하지 않았는데 지나고 보니 많이 보고, 느낀 보람찬 수학여행인 것 같다. 감수성이 예민하고 정서적인 아내의 권유로 백두대간 협곡열차 여행을 하게 되었는데, TV로만 봤던 낙동강 상류의 절경을 확인한 것은 큰 보람이었다. 특히 겨울 '눈꽃 환상열차' 여행 대는 몰랐던 '승부역' 근처 낙동강 상류의 환상적인 여름 풍광(風光)을 확인한 것은 더욱 큰 보람이었다. 그러나 이번 여행의 가장 큰 보람은 퇴계 선생 등 선비들의 혼이 서린 淸涼山의 진면목을 어느 정도 확인한 것이다.

먼저 소금강이라고 할 정도로 아름답고 유서(由緖) 깊은 청량산의 전체적인 모습(약도)을 파악할 수 있어서 좋았다. 그리고 청량산 박물관 전망대에서 눈부시게 아름다운 '학소대'를 스케치한 것도 보람이었다. 또한, 박물관 1층에 전시된 퇴계 선생의 중후(重厚)한 글씨(溫故知新)를 보고, 내가 가장 좋아하는 교훈으로 삼는 글이라서 큰 감동도 받았다. 앞으로 퇴계 선생의 뜻을 살려, 溫故知新(혁신)으로 우리 후인(後人)들은 우리의 염원인 弘益을 반드시 실현해야 할 것이다! 이것이

'후생가외(後生可畏: 후배, 후인을 두려워함)'라는 성현의 뜻을 실현하고, 청출어람(青出於藍: 제자가 스승을 능가함)으로 선인(先人)들의 은혜에 보답하는 길이다.

고생 끝에 '하늘다리'에 올라서, 절경인 '선학봉'을 스케치한 것도 보람이었다. 무엇보다도 나의 詩 '하늘의 길, 영원한 길'을 확인한 것은 가장 큰 보람이었다. 그리고 뒷실고개에서 퇴계 선생의 詩를 보고 꿈속에서도 청량산을 사랑하셨던 선생의 정성에 감동하기도 했다.

화성(華城) 탐방기

_2013년 9월 18일 수요일

10시 30분경 화성행궁에서 화성열차를 타기 위해 서장대 쪽으로 올라갔다. 11시 10분 출발하는 화성열차 표를 끊고 시간이 남아서 옆에 있는 약수터 약수를 마시니 차지도 않고 특별한 맛은 아니다.

길옆에는 연보라, 연자색의 들국화가 피어서 초가을의 정취를 더해준다. 꽃의 잎이 길고(꽃 지름이 약 5cm) 잎의 개수가 약 40개, 노란 중심부(암술)가 있는데 다섯 가지 들국화 중 벌개미취인 것 같다.

*① 벌개미취: 7~10월에 개화, 연보라색, 노랑 중심부 잎이 길고 가장자리에 잔 톱니

② 쑥부쟁이: 연보라, 노란 중앙부, 작은 잎, 굵은 톱니

③ 구절초: 대부분 흰색, 잎이 쑥처럼 갈라짐

④ 산국: 노랑, 꽃송이 1~2cm

⑤ 감국: 노랑, 꽃송이 3cm 내외

11시 10분경 화성열차를 타니 동력차 1량 승객차 3량이다. 좌석이 약 100개 정도인데 50명 정도만 승하한 듯하다. 비탈길도 잘 오르내리고 속력도 좋은 것 같으니 전기 노면차, 전기 자전거 택시, 전기 버스 등과 함께 빨리 실용화해야 할 것이다.

안내원이 방송을 하는데 똑똑하게 들리지 않아서 시정 했으면 좋겠다. 화성은 성곽 문화의 꽃이라고 하며 연무대까지는 20분 정도 걸린다고 한다. 녹음은 잘 들리지 않고 직접 마이크 방송은 잘 들리니 녹음보다 직접 마이크로 설명하면 좋겠다.

장안공원에서 하차하는 사람들을 내려주고 북문인 장안문을 지나니 길가의 사람들이 손을 흔들어 준다. 출발한 지 약 25분 후에 화홍문을 지나서 동쪽 끝 연무대에 도착한다.

*동장대(東將臺): 장대한 성곽 일대를 한눈에 바라보며 장용 외용 군사를 지휘하던 지휘소.

화성에는 서장대, 동장대 두 곳이 있고 동장대는 1795년(정조 19년) 7월 15일에 공사하여 8월 25일에 완공했다고 한다. 40일 만에 완공한 것은 대단한 과학기술 때문인 듯한데, 아마 다산 정약용 선생이 발명한 거중기 등을 활용했을 것이다.

무예를 수련하는 공간이라 연무대(練武臺)라고도 한다. 높지는 않지만 사방이 트여 있어 화성 동쪽의 성 안을 살피기에 적합하다고 한다. 동남쪽으로 아래 넓은 잔디밭에는 활 쏘는 궁터가 있다.

*동북공심돈(東北空心墩): 동장대 동북쪽에 위치하고 공심돈은 성곽 주위와 비상시 적의 동향을 살피기 위한 곳이며 망루 비슷한 곳이라고 한다.

화성에는 서북공심돈, 남공심돈, 동북공심돈 세 개가 있고 정조 20년(1796년) 7월 19일에 완공했다고 한다.

*동북노대(東北弩臺): 공심돈과 비슷한 용도인 듯하다.

*창룡문(蒼龍門): 화성 4대문 중 동쪽 문, 정조 19년(1795년) 5월 8일에 공사를 시작하여 10월 17일에 완공.

동쪽을 의미하는 좌청룡을 뜻한다고도 한다. 성문 보호를 위해 옹성을 반달 모양으로 축성했는데, 참으로 대단한 철옹성(鐵甕城)인 것 같다.

연무대 아래 관광안내소에 화성을 설명하고 있다.

① 팔달문 ② 남포루 ③ 화양류(華陽樓) ④ 서남암문 ⑤ 서장대 ⑥ 서북각루 ⑦ 화서문 ⑧ 서북공심돈 ⑨ 북포루 ⑩ 북서포루 ⑪ 북서적대 ⑫ 장안문 ⑬ 화홍문 ⑭ 방화수류정 ⑮ 동암문 ⑯ 동북공심돈 ⑰ 동북노대 ⑱ 창용문 ⑲ 동일치 ⑳ 봉돈

*동암문(東暗門): 암문은 성곽의 깊숙하고 후미진 곳에 적이 모르게 만든 출입구이며 화성에는 다섯 개의 암문이 있다.

*동일포루(東一鋪樓): 동쪽에 위치한 화성의 5개 포루 중 하나, 군사들이 망을 보면서 대기하는 곳으로 정조 20년 7월 10일에 완공.

*동북포루: 사적 제3호. 군사들이 망을 보며 대기하던 곳으로 5개 포루 중 하나.

*북암문: 방화수류정과 동북포루 사이에 위치

*방화수류정(訪花隨柳亭)

12시 35분경에 드디어 유명한 방화수류정에 올랐다. 29도, 30도의 무더운 날씨인데 시원한 바람이 살랑살랑 불기도 한다. 북쪽에 연못이 있고 푸르고 둥근 연잎이 연못 북동쪽으로 우거져 있다. 보랏빛 연꽃들이 몇 송이 드문드문 신비롭고 아름답게 피어 있다.

가운데 둥근 섬이 있고 동남쪽 연못에는 오리가 서너 마리 유유히 헤엄치고 있다. 연못가 수변(水邊)에는 푸른 수양버들이 휘휘 늘어지고, 정자 아래 나무숲에는 참새들이 바삐 움직이면서 청량가(淸涼歌)를 부르고 있다.

멀리 북쪽 하늘 아래는 광교산 능선들이 푸르게 물결치는 선경(仙境)이고 절경(絶景)이다. 나도 모르게 시상(詩想)이 떠올라서 즉흥적으로 읊어본다.

일찍이 방수정을 꿈에 그리다가
오늘에야 전망대에 홀로 올랐네
에메랄드빛 시냇물은 정겨웁게 흘러오고
휘휜 늘어진 청청(青青) 버들 아래 오리가 미끄러지듯 나아가네
하늘 아래 청청(青青) 산들은 굽이굽이 파도를 이루고
날렵한 서장대는 울긋불긋 꽃 대궐 위에 올라앉았네
시원한 소슬바람 이마에 젖은 땀을 씻어주고
보랏빛 연꽃을 바라보며 선경(仙境)에 젖어보네

오후 1시 5분 전에 방화수류정을 내려와서 북수문으로 향했다.

*북수문(北水門, 華虹門): 화성을 남북으로 가로질러 흐르는 수원천 위에는 북수문과 남수문 두 개의 수문이 있다.

북수문은 1794년(정조 18년) 2월 28일에 공사를 시작하여 1795년 1월 13일에 완공했다고 한다. 일명 화홍문으로 화(華) 자는 화성을 의미하고 홍(虹) 자는 무지개를 의미한다.

장쾌한 물보라가 수문으로 넘쳐나는 모습이 무지개처럼 아름답다는 곳이다.

실학의 대가인 다산 정약용 선생이 거중기 등을 발명하며 축

성한 화성은 그 공법(工法)이 특이하여 유네스코문화유산에 등재되었다.

포루, 암문, 옹성 등 각종 방어 수단이 많고 큰 돌로 튼튼하게 축성되어서 한마디로 난공불락의 철옹성인 것 같다. 임진왜란 때 있었으면 간특한 왜적들에게 결코 함락되지 않았을 것이다.

또한 방화슈류정, 화홍문, 행궁 등 아름답기 그지없는 예술적인 성인 것 같다.

1시 10분경 수원 천변의 휘휘 늘어진 버드나무들 속에서 좌측 북쪽으로 화홍문의 3단계 폭포를 바라보았다. 바로 앞 인공분수에는 화홍문납게 아름다운 무지개가 서리고 있다.

북동쪽으로 방화수류정이 솟아 있고 그 너머로 하늘 아래 푸르디푸른, 검푸른 광교산의 능선들이 푸른 파도를 형성하고 있다. 화통문의 폭포는 크게는 3단계, 작게는 10여 단계로 정말 휘황찬란하게 빛나고 있다. 참으로 예술적이고 환상적인 선경이고 절경이다.

아름다운 자연에 취하여 근처 유명한 매향통닭에서 생맥주를 한 잔 마시고 귀가했다.

2013년 9월 20일 금요일

오전 8시 30분경 집에서 출발하여 두 번째 '화성트레킹'에 나섰다. 9시경 3번 버스를 타고 법원사거리로 오니 추석 다음

날이라 조용하다. 일촌광음불가경(一寸光陰不可輕), 한시라도 시간을 허비하지 않기 위해 오늘도 화성트레킹에 나선다.

그저께 팔달산에서 화성열차를 타고 연무대에서 내려서 화홍문까지 트레킹 하고 기록했는데 오늘은 화홍문에서 서쪽으로 서장대까지 트레킹하고 기록해야겠다.

9시 17분경 화홍문 옆 성벽 길에 올랐다. 성 밖은 온통 공원으로 조성되어 있는 것 같다. 물과 나무, 공원 등 아름다운 자연이 풍부한 수원은 참 살기 좋은 곳인 것 같다.

***북동포루**(北東砲樓)

화성의 5개 포루 중 장안문과 화홍문 사이인 북동쪽에 위치하며 1794년 9월 23일에 완공.

적이 성벽으로 접근을 막기 위해 火砲를 쏠 수 있게 만들었고 옹성처럼 돌출되어 3면에서 사격이 가능하다고 한다.

***북동치**(北東雉)

성곽에서 바깥으로 돌출되었으며 성벽에 접근하는 적을 공격.

화성에는 10개의 치가 있고 치는 꿩을 뜻한다고 한다. 꿩은 자기 몸을 숨기고 밖을 엿보기를 잘하므로 꿩을 닮은 '치성'이라고 명명했다고 한다.

***북동적대**(北東敵臺)

홍이포(紅夷砲)가 설치되어 있는데 길이 2.15m, 구경

10cm, 중량 1,800kg으로 명나라 말에서 청나라 때 사용한 화포라고 한다. 사정거리 700m인 위력적인 화기이며 포루 등에 배치하고 성곽 공격용으로 사용했다고 한다.

적대는 성문을 공격하는 적을 물리치기 위해 성문 좌우 옆에 있는 치성 위에 세운 시설이라고 한다.

사대문 중 장안문과 팔달문 양쪽에 설치했다고 한다.

*장안문

북쪽 문이며 화성의 정문이다.

1794년 2월 28일 공사를 시작하여 9월 5일에 완공했다고 한다.

장인(長安)이라는 말은 수도를 상징하고 백성의 안녕을 의미 한다고 한다.

성문 바깥에는 반달 모양의 옹성을 쌓았는데 항아리를 반으로 쪼갠 것과 같다고 해서 붙여진 이름이라고 한다.

*북서적대(사적 제3호)

여기도 홍이포가 있고 북동적대와 비슷하다고 한다.

*북서포루

화서문과 장안문 사이에 위치한 5개의 포루 중 하나라고 한다.

오전 10시 5분 전인데 햇볕이 작열하고 매미 소리가 한여름처럼 찡하고 시끄럽다.

수령 3백년 정도의 큰 느티나무 아래 의자에 사람들이 쉬면서 환담을 하고 있다.

*북포루

치성 위에 목조 건물이 있고 북서포루와 비슷하다.

*서북공심돈(西北空心墩, 보물1710호)

적의 동향을 살피고 공격하는 시설로 수원화성에서만 볼 수 있다고 한다.

1796년 3월 10일에 완공되었다고 한다.

*화서문(華西門)

서쪽 대문이며 1795년 7월 21일 공사 시작하여 1796년 1월 8일 완공했다고 한다.

화서문 주위에는 느티나무, 향나무 등이 우거져 있고 성곽 주변은 온통 공원인데 화서공원이라고 한다.

큰 느티나무 숲 아래로 연자색, 연보라 빛 들국화들이 휘황찬란하게 빛나고 있으니 무릉도원(武陵桃源)이고 샹그릴라(Shangri-La)다.

*서북각루(西北角樓)

성곽의 비교적 높은 위치에 설치되어 있고 주변 감시와 휴식 공간이라고 한다.

화성 4개 각루 중 하나이며 화서문 일대 군사 지휘소라고 한다.

*서일치(西一稚)

10개 치 중 하나이며 서북각루와 서포루 사이에 위치하고 있다.

*서포루(西砲樓)

5개 포루 중 서북각루와 서장대 사이에 위치한다고 한다.

1796년 5월 30일 완공했고 치성의 발전된 형태라고 한다.

*서이치(西二稚)

서포루와 서상대 사이에 있다.

*서장대(西將臺, 華城將臺)

장대란 성곽 일대를 한눈에 바라보고 화성에 주둔했던 군사들을 지휘하던 지휘소라고 하며 서장대, 동장대 두 곳이 있다. 팔달산 정상의 서장대 편액은 정조가 직접 쓴 것이라고 한다. '華城將臺'라고 쓰여 있는데 힘이 약한 듯하여 명필은 아닌 듯하다.

1794년 8월 11일 공사 시작하여 9월 29일에 완공했다고 한다.

서장대에 오르니 눈 아래 북동쪽으로 장안문, 화홍문, 방화수류정, 연무대, 창룡문 등이 보이고 그 너머 하늘 아래 광교산의 아름답고 푸른 능선들이 보인다.

*서노대(西弩臺)

성 가운데 다연발 쇠뇌를 쏘기 위하여 높이 지은 시설로 화성에는 서노대와 동북노대 두 곳이라고 한다.

*서포루

1796년 8월 18일 완공했다고 한다.

*화성성역의궤(공사 보고서)

화성은 정조 재위 13년 만인 1789년 10월 7일 사도세자 원침을 화산으로 옮기고 그곳의 관아, 민가를 수원시 중심부인 팔달산 동쪽으로 이전한 후 수원도호부가 화성유수부로 승격했다고 한다.

1794년 1월부터 1796년 9월까지 화성을 축성했다. 규모는 둘레가 5.74km, 성벽 높이가 약 5m, 여장 높이가 약 1.2m라고 한다.

화성은 정조를 정점으로 관료, 학자, 기술자, 백성들이 함께 만든 근대적 신도시이며 실학의 총체적 결정체라고 한다.

화성은 정약용의 기본 설계서인 성설(城說)에 기초하여 조선, 중국, 일본의 축성법 중 장점을 채택했다고 한다. 거중기, 녹로, 유형거 및 각종 수레 등 새로운 과학기술을 사용한 점이 특징이라고 한다.

서삼치(西三稚), 서남암문(西南暗門), 남포루(南砲樓), 남치(南稚)를 거쳐서 오전 11시 30분에 남쪽 문인 팔달문에 당도

하였다.

1985년 1월부터 약 28년간 살았던 수원의 표상인 화성을 탐방하고 나니 정든 수원에 대한 감회가 더욱 새롭다. 또한, 혁신, 개혁군주인 정조와 실학의 대가인 다산 정약용 선생 등의 합작품이자 걸작인 화성을 비교적 자세하게 알고 나니 더욱 더 난공불락인 철옹성이 머릿속에 그려진다.

외세의 침략에 불행했던 우리의 슬픈 역사를 회상하면서 난공불락의 철옹성인 '나의 화성'을 그려 본다.

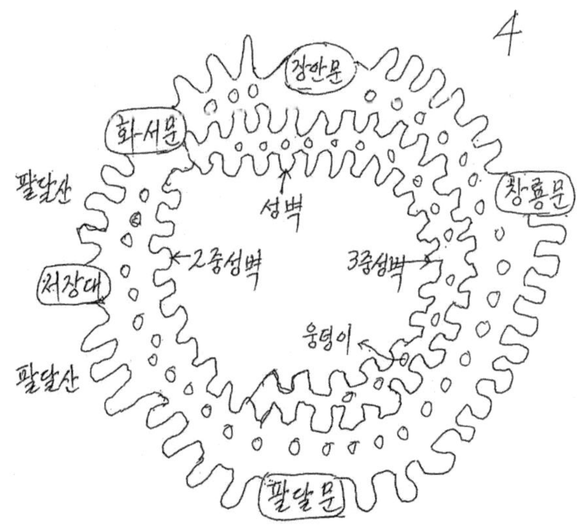

*성벽은 유두돌기, 옹성 모양으로 축성

*산지 지형인 서쪽은 2중 성벽, 평지 지형인 동쪽은 3중 성벽

*첫 성벽을 돌파해도 2중, 3중 성벽에서 전멸하거나 포로로 잡힘.

영통정의 봄

오랜만에 영통역에서 독침산에 올랐다.

안내문을 보니 독침산은 뱀이 많아서 독침산이라고 한다.

벽적골은 벽돌을 구웠다는데서 유래되었다고 하며 신나무실은 개나리가 많아서 신나무실이라고 한다('신'은 개나리를 뜻함).

영통에 산 지가 14년이나 되었는데 늦게나마 흔한 지명의 유래를 알게 되어서 좀 흐뭇하였다.

벚꽃들은 다 지고 철쭉이 한창이다. 철쭉은 분홍보라색, 주홍색, 흰색, 흰분홍색, 분홍주홍색 등 그 자체로도 참 다양한 색깔을 자랑하는 화려한 꽃인 것 같다.

철쭉은 백일홍처럼 오랫동안 피니 철쭉 축제도 대대적으로 열어서 우리의 정서 문화, 예술문화 수준을 높였으면 좋겠다.

우리나라는 온대 기후라서 1년 내내 조화로운 꽃들이 피고

지기 때문에 꽃 축제를 외국보다 더 다양하게 대대적으로 개최할 수도 있을 것이다.

12월 1월은 눈꽃 축제, 2월 3월은 매화꽃 축제, 4월은 개나리, 산수유, 벚꽃, 모란꽃 축제, 5월은 철쭉, 이팝나무 꽃, 신록꽃 축제, 6월은 장미꽃 축제, 7, 8, 9월은 무궁화, 배롱나무꽃 축제, 10, 11월은 단풍 꽃 축제 등 얼마든지 다양하고 많은 축제들을 열 수 있을 것이다.

그리고 축제 때마다 우리 최상의 문화인 孔孟의 德(仁·義·禮·智), 다산학(愛民정신, 과학 정신, 혁신 정신, 실용정신 등) 등을 상기(想起)하고 발전시켜서 우리의 염원인 弘益을 앞당기고 세계 일등 문화국이 되어야 할 것이다.

독침산 정상에 오르니 봄바람이 잔잔하게 불고 있다.

마지막 벚꽃이 춤추듯이 천천히 떨어지고 있다. 잔디 위에는 살진 까치 한 마리가 뒤뚱거리며 한가로이 먹이를 쪼고 있다.

영통정 위에서는 하모니카 할아버지가 청량(淸涼)하게 노래를 부르고 있다. 남녀노소 사람들도 할아버지 노래처럼 맑고 시원하고(淸涼) 건강한 모습으로 운동하고 있다.

아름다운 정경(情景) 속에 잠기니 무릉도원(武陵桃源), 샹그릴라(Shangri-La), 에덴동산이 따로 없는 것 같다.

갑자기 삶에 대한 자신감이 넘치고 시상(詩想)이 떠오른다.

영통정(靈洞亭)의 봄

봄바람이 사르륵사르륵 시원하게 불고
벚꽃잎은 하느작 하느작 춤추면서 떨어지네
잔디 위에는 살찐 까치가 뒤뚱뒤뚱 한가로이 먹이를 쪼고
영통정에서 하모니카 노래가 청량하게 울려 퍼지네
속물학 공부하느라고 아까운 시간 많이 낭비하였고
풍진 세상 살아오면서 오랜 세월 많이 시달렸구나
'이순(耳順)'에 겨우 마음 비우고 창의적인 글을 쓰면서
가슴속에 흘러넘치는 지성의 기쁨이 그칠 줄을 몰라라!

*해설

① 봄바람에 왕벚나무 잎새 소리가 사르륵사르륵하게 들림

② 떨어지는 벚꽃 잎새들이 나비가 하느작하느작 춤추듯이 천천히 떨어짐

③ 살찐 까치가 천천히 서툴게 먹이를 쪼는 것 같음

④ 하모니카는 소리 자체가 맑고 시원함

⑤ 인문학(철학, 문학 등)이 최상의 학문인데 의학 등 수준 낮은 기술학을 공부하느라고 시간을 많이 낭비했다는 뜻

⑥ 경제 활동을 하느라고 고생하였다는 뜻

⑦⑧ 60세경에 은퇴하고 최상의 학문인 인문학을 공부, 사색하며 새로운 인문학을 창출하고 저술하면서 인생의 기쁨과 행복이 넘친다는 뜻

인문학과 정책

_2013년 9월

인문학(人文學, humanity)은 인간에 대한 학문이며 인간이 무엇이고 인간다운 삶이 어떤 것인지를 모색하는 학문이다. 인문학의 분야는 철학, 문학, 역사학, 고고학, 언어학, 종교학, 여성학, 미학, 예술, 음악, 신학 등이며 크게 文, 史, 哲(문학, 역사, 철학)로 요약된다.

정치는 국민을 잘 살게 하는 것이고, 정책(政策)은 국민을 잘 살게 하는 방안, 방책이다.

인문학이 사람을 잘 살게 하는 학문이고 정책이 사람을 잘 사게 하는 방책이니, 인문학을 활용하여 정책을 시행하면 육체적, 정신적, 사회적 건강이 넘치는 행복한 나라가 될 것이다.

인문학이나, 정책이나 너무나 광범위하고 복잡한 분야이기 때문에 원리, 원칙만 설명하고 의료인들의 관심 분야인 의료

정책 제도에 관해서 몇 가지 제안은 해 보고자 한다.

지금 우리는 인문학의 중요성을 절감(切感)하고 있지만 왜 인문학이 중요한지 그 이유를 정확히 모르고 있다.

인문학의 중심은 철학이고 최고 최상의 철학은 '논어', '맹자' 등인데 한 차원 낮은 서양철학(이분법적이고 분석법적인 변증법, 인식론 등)에서 답을 구하려고 하기 때문에 인문학이 무엇인지를 정확하게 모르고 혼란스러워하고 있는 것이다.

최상의 인문학인 孔孟(공자, 맹자) 사상의 핵심은 인의예지(仁·義·禮·智)의 덕목(德目)들인데 다음과 같이 요약할 수 있다.

'仁'은 '올바른 것을 진정으로 사랑하고 올바르지 못한 것을 진정으로 미워하는 어진 마음('논어', 里仁편, 惟仁者 能好人 能惡人: 오직 어진 자라야 사람을 좋아할 줄도 알고 미워할 줄도 안다)'이다.

'義'는 '옳지 못함을 부끄러워하고 미워하는 마음이며 항상 올바르게 생각하고 행동하는 정의로운 마음이다('맹자' 이루상편, 義는 人之正路也: 의는 사람의 올바른 길).'

'禮'는 사람이 지켜야 할 도리 및 윤리를 말하는데 '형식보다는 애용을 중요시하는 진실한 마음('논어' 팔일편, 예는 사치한 것보다는 차라리 검소할 것이요, 상을 치름에 차림보다는 슬픔이 있어야 하느니라)'이다.

'智'는 '물처럼 유연하게 난관을 헤쳐 나가는 지혜로운 마음('논어', 옹야편, 知者樂水 知者動: 지혜로운 자는 물을 좋아하고 물같이 움직인다)'이다.

정책의 결정 과정에는 여러 이론들이 있으나 대표적인 이론은 Easton이 주장하는 정치체제론(political systems theory)이다.

여러 가지 내적, 외적, 사회적 환경이 투입(input)→ 전환(conversion)→ 정책 산출(out put)→ 환류(feedback) 되어 다시 투입→ 전환→ 산출이 되풀이되어 최선의 정책을 창출하는 과정이다.

또한, 정책 결정자로는 입법, 행정, 사법부와 이익단체, 정당, 일반 국민들이다.

이상의 원리, 원칙 아래에서 현재 우리의 의료정책 제도에 대하여 생각해 보자.

첫째, 선진국에서는 상상할 수도 없는 의료이원화 정책으로 많은 재정 낭비와 건강에 악영향을 미치고 있다.

이는 인문학의 핵심이고 원칙인 仁·義·禮·智에도 어긋나고 정책 결정 과정(정치체제론)이나 정책 결정자인 이익단체(의사 등)와 많은 국민의 뜻에도 어긋난다. 그래서 반드시 의료일원화로 시정되어야 할 것이다.

둘째, 지금의 비합리적이고 잘못된 의약분업 정책도 仁·義·禮·智와 정책 결정 과정에도 어긋난다. 그래서 반드시 합리적의 임의 분업이나 선진국 식 분업으로 개선되어야 할 것이다.

셋째, 국민건강 경영은 사기업처럼 전문 경영인이 경영하여 많은 재정 낭비를 줄이고 재테크 등으로 수입을 창출해야 한다. 지금처럼 낙하산 인사 등으로 방만한 경영, 비효율적인 경영을 하면 보험료가 의료 주체인 의사들에게는 적게 오고 밑 빠진 독에 물 붓기 식으로 관리비로 줄줄 샐 수밖에 없게 된다.

넷째, 대한민국은 민주공화국이다(헌법 제1조).

지금 우리의 의료제도는 민주주의가 아니고 정부가 주도하는 의료 사회주의다. 의료 사회주의 국가에서는 의료의 주체인 의사들도 살기가 힘들고 나라의 주인인 국민들도 질병으로부터 고통을 당하기 마련이다.

의료의 주체이자 나라의 주인인 의사들은 헌법소원 등을 해서라도 의료 민주화를 실현하여 국민도 잘 살고 의사도 잘 살게 해야 한다.

이상으로 큰 틀의 의료정책, 제도들의 개선 방향에 대하여 언급하였는데, 당면한 의료수가 문제 등도 인문학의 핵심인 仁·義·禮·智의 德과 정책 결정 과정(정치 체제론)으로 정부를 설득하고, 타협하고, 투쟁을 하여서라도 원리 원칙적이고, 합리적이고, 과학적인 의료 정책을 반드시 이끌어 내어야만 한다.

현재의 악의 정책들이 선의 정책으로 바뀌어야 만이 우리가 항상 염원하는 육체적, 정신적, 사회적 건강이 가득한 '행복한 나라(애유토피아)'가 될 수 있기 때문이다.

그리고 이러한 인문학적 정책의 원칙인 '仁·義·禮·智', '정치 체제론' 등은 정치, 경제, 복지, 교육 등 다른 분야의 정책 결정에도 적용될 수 있다.

세월호 참사의 원인과 대책(진단과 처방)

세월은 어김없이 흘러서 세월호 참사(慘事)가 일어난 지 40여 일이나 지났다.

그러나 이런 비참하고 참혹한 일을 당하여 나라 전체가 슬픔에만 잠긴 채 뚜렷한 대안이나 대책을 마련하지 못하고 있는 안타까운 현실이다.

끊임없이 일어나는 많은 불행한 사건들처럼, 이번 참사도 우리 사회의 큰 병(病)이고 병폐(病弊)임이 틀림없을 것이다.

의사가 병을 치료하는데 가장 중요한 것은, 병의 원인인 진단이 정확해야 한다. 진단이 정확하면 처방은 저절로 따르고 대부분의 병은 치료가 된다. 반대로 진단이 잘못되면 처방도 잘못되고 치료도 잘되지 않는다.

마치 첫 단추를 잘 못 끼운 것처럼 해결이 되지 않는다. 그래서 이번 참사라는 큰 사회적 병폐를 치료하고 전화위복(轉禍

爲福)으로 다른 많은 병폐를 예방하기 위하여 큰 부분들을 포괄적(包括的)으로 언급해 보고자 한다.

앞서 말했듯이 병을 치료하려면 진단(원인)이 정확해야 하는데, 우선 참사의 원인을 다시 한 번 생각해 보자.

많은 사람들이 지적했듯이 원인에 대한 책임은 우선 사람을 살리고 보는 응급처치에 실패한 승무원들과 구조 요원들, 의리(義理) 보다는 이익만 추구하겠다고 부도덕한 경영을 한 청해진해운, 철저한 안전 점검과 훈련을 방관한 담당 공무원들, 행정부의 수장인 고위관료들과 대통령, 안전관련 감독과 입법활동 등을 소홀히 한 국회의원들, 그리고 이들에게 권력을 행사하게 한 많은 우리 국민에게 책임이 있을 것이다.

책임의 경중은 차후에 밝혀지겠지만, 중요한 일은 이번 참사를 반면교사(反面敎師)로 하여 전화위복의 방책을 찾아야 한다는 것이다. 소 잃고 외양간 고치는 격이지만 더 많은 소를 잃지 않기 위해서는 단기적으로 빨리 매뉴얼대로 철저히 훈련하는 것이다.

전투함의 전투 배치 훈련을 참고하면 매뉴얼대로 훈련하고 위급한 사람을 응급처치하는 일은 절대로 어렵지 않을 것이다. 그리고 승객들에게는 의무적으로 구명대를 곧바로 지급하고 승선 기간 동안 항상 간직하게 해야 한다.

또한, 담당 공무원들은 안전점검과 훈련을 철저히 시행하고, 그 결과를 매스컴을 통해 수시로 국민에게 보고하도록 해야 한다.

중장기적인 대책으로는 우리 정치의 고질병인 '정실주의'

'엽관주의' 인사를 빨리 능력을 위주로 하는 '실적주의(實績主義)' 인사로 전환해야 할 것이다.

*정실주의: 학연, 혈연, 지연 등의 인사

*엽관주의: 전리품처럼 권력을 나눠 가지는 인사

*실적주의: 능력 위주의 인사

또한, 권위주의적인 '관료제'에서 실용적 효율적인 철저한 '직업공무원제'로 전화해야 한다.

*관료제: 권위주의적이고 자기 분야에 정통하지 못하여 효율성이 약함

*직업공무원제: 자기 분야를 열심히 공부하므로 효율성이 높음

사실 이번 참사의 근본적인 원인은 서구 물질주의가 우리 사회에 만연하여 우리 고유의, 최상의 문화인 도덕(道德), 윤리를 잃어버렸기 때문이다.

도덕, 윤리는 항상 강조하듯이 오상(五常)의 덕(德)인 인·의·예·지·신(仁·義·禮·智·信)으로 요약할 수 있다.

인(仁) 은 올바른 것을 좋아하고 올바르지 못한 것을 미워하는 어진 마음이다. 의(義)는 올바른 길(正道)을 걷는 마음이고, 예(禮)는 형식보다 내용이고, 智는 물처럼 유연하게 대처하는 지혜로운 마음이다.

이번 참사를 계기로 우리 최상의 문화인 '오상의 덕(德)'을 르네상스(부활, 재생)로 되찾고 잘 활용하면 우리의 염원인 홍익(弘益)을 실현할 수 있고 살기 좋은 행복한 나라가 될 것이다.

태백산 눈꽃축제 여행

_2014년 1월 19일 일요일

오늘 새벽 기온이 영하 7°라고 한다. 아내가 사온 따뜻한 거위털 패딩을 입고 6시 45분경 집에서 출발했다. 지하철에서 아내와 민희에게 '눈꽃 환상 여행(소백산, 태백산을 환상으로 도는 눈꽃 기차 여행)'을 설명해 주니, 환상(環狀), 환상(幻想)을 이해하는 듯하다.

이런저런 이야기 하는 사이에 어느덧 복정역을 거쳐서 잠실역에 도착했다. 8시 13분경 관광버스를 타고 태백시 석탄박물관으로 가면서 아침을 먹었다. 찰밥, 김치, 동태볶음, 시금치나물, 계란부침으로 언제나처럼 영양식, 웰빙 건강식이고 오랜만에 먹는 별미(別味)라서 맛있게 먹었다.

9시 53분경 제천휴게소를 거쳐서 11시 30분경에 태백산 아래에 도착했다. 올라가는 길 양 편에는 오래된 낙엽송, 소나무들이 숲을 이루고 있다. 12시경에 조각공원에 도착하니 수많은 얼음 조각이 있는데, 자세한 설명이 없어서 아쉽다. 코끼리와 타이거 등을 조각한 작품은 제목이 '사파리'라고 한다. 상어를 조각한 작품은 '씨월드(Sea World)'이고 모바일게임 조각은 '윈드러너(Wind Runner)'이다. 산속이라 날씨가 영하 10도 정도로 몹시 춥다고 했는데, 사람들이 바글바글하고 바람이 불지 않아서인지 별로 추운 줄 모르고 바쁘게 돌아다녔다.

바글바글한 인파에 밀려 천천히 이동하는데, 옆에서 50대 정도의 여자들이 큰 소리로 사람을 찾고 있다. 옆에 있는 아내와 비슷한 나이인데 "명숙아!" 하며 계속 외치고 있다. 너무 시끄러워서 "명숙 씨 여기 있습니다. 그러니 크게 소리 안 지르셔도 됩니다. 이 사람이 명숙 씨입니다."라고 아내를 가리키니 동명이인(同名異人)인 줄 알고 다른 명숙이라면서 깔깔 웃는다. 아내와 이름이 같은 사람이 진료한 여자 환자 중에서도 많았는데, 바글바글한 여기에도 많은 것 같다. 성명철학에서 너무 흔한 이름은 좋은 이름이 아니라고 한 것 같은데, 아내의 이름이 흔하여 융통성이 없고 고지식한 나를 만나서 고생하는 것 같기도 한다.

조금 올라가니 '팔마상(八馬像)'이 있는데, 말띠 해에 여덟 마리 말을 화려하게 조각하여 놓았다. 수많은 얼음 조각이 있으나, 일시적인 작품들이라 별 관심이 없어서 대충 보면서 올라가니 시(詩)가 한 수 적혀있다.

고려조 우문관 대재학을 지낸 근재 안축(1282~1348) 선생이 지은 가장 오래된 명시(名詩)라고 한다.

登太白山(태백산에 오르다)

긴 허공 곧게 지나 붉은 안개 속 들어가니
최고봉에 올랐다는 것을 비로소 알겠네
둥그랗고 밝은 해가 머리 위에 나직하고
사면으로 뭇 산들이 눈앞에 내려앉았네
몸은 날아가는 구름 쫓아 학을 탄 듯하고
높은 층계에 달린 길, 하늘의 사다리인 듯
비온 끝에 온 골짜기 세찬 물 불어나니
굽이 도는 오십천을 건널까 근심되네

옆에 태백산 등산로도 있다.

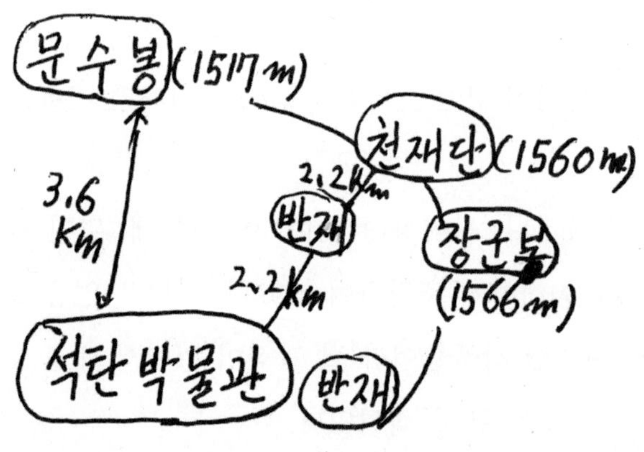

시간이 급하여 '석탄박물관'으로 향했다.

제1전시실에 가니 여러 가지 광물들이 전시되어 있다. 자수정, 망간단괴, 휘안석, 금운모, 루비, 방해석 등 외국의 희귀광물과 수정 등 한국 광물들이다.

제2전시실에는 삼엽충의 보고 태백이라고 하며, 고생대의 대표적인 삼엽충 화석이 전시되어 있다. 식물 화석도 많고, 연체동물, 조개류 화석도 있고, 은행나무, 고사리류, 콩과식물, 양치식물 등의 화석들도 많아서 신기했다. 가장 오래된 화석 인류는 500만 년 전인 오스트랄로피테쿠스이며, 남아프리카에서 발견되었고 신장 120m, 두뇌는 지금의 50% 정도라고 한다.

종류는 많고 시간이 모자라 자세히 못 보고 나오는데, 지구의 역사가 연내별로 표시되어 있다.

시생대: 46억 년 전

원생대: 25억 년 전

고생대: 5억 7천만 년 전~2억 4천 5백만 년 전

중생대: 2억 4천 5백만 년~6640만 년 전

트라이아스기: 2억 4천 5백만 년 전~2억 8백만 년 전

쥐라기: 2억 8백만 년 전~1억 4천 4백만 년 전

백악기: 1억 4천 4백만 년 전~6640만 년 전

신생대: 6640만 년 전~현대

'인생은 짧고 예술은 길다'라는 말처럼, 길다는 예술이 불과

수백 년, 수천 년이다. 여기에 비하면 수십억 년, 짧아도 수천만 년의 지구 역사는 상상하기조차 힘든 천문학적인 시간이다. 또한, 일각(一刻)이 여삼추(如三秋) 같다(짧은 시간이 3년 만큼이나 길게 느껴짐)는 과장법으로 봐도 지구의 역사는 장구(長久)하기 그지없다.

그래서 우리의 짧은 인생을 예술이나 문명처럼 길게 살 수 있는 방법을 생각해본다. 그리고 확신해 본다! 그 방법은 꾸준히 인문학을 공부하고, 사색하고, 연구하여 새로운 진리, 문화를 창출함으로써 '인류의 행복'에 기여하는 것이리라!

유당마을 방문기

_2014년 4월 4일 금요일

바람이 불고 날씨가 좀 쌀쌀하다.

일찍 핀 벚꽃은 벌써 지기 시작한다.

올해는 이상 고온으로 벚꽃이 빨리 피어서, 개나리, 목련 등과 동시에 피었다고 한다. 봄부터 이상 고온이니, 올해 여름도 매우 덥겠다. 빨리 청정, 대체에너지(태양광, 풍력 등)를 집중 개발하여 지구 온난화, 미세먼지 등 대기오염을 예방해야 하는데, 정부가 적극적으로 나서지 않으니 답답하기 그지없다.

'유당마을'은 수원의 오래된 실버타운이다. 풍광 좋고, 공기 맑은 광교산 아래에 자리 잡고 있다. 오전 10시 50분경 조원동 유당마을로 가려는데, 4-1번 버스가 늦게 와서 청명산 정류소에서 기록해 본다. 지금 11시 10분인데 아직 5분 후에 버스가 도착한다고 한다. 유당마을에 가서 실업 구직활동으로 의무실장 자리 알아보고, 담당자에게 명함을 받아와야지. 그리고 입주 조건도 알아보고 홍보도 해 줘야겠다.

12시경 유당마을에 도착하여 복지팀장이라는 여자분과 면담을 했다. 의무실장은 정형외과 의사이고 의무실 경영 수익은 적자라고 한다. 별로 일이 없으니 내과 의사를 채용하기가 어려운 듯하다. 나의 책 『새로운 유토피아』를 설명하니, 복지 전문가 답게 '주거문화'를 특히 이해하는 듯하다.

유당마을이 전부터 마음에 들어서 홍보해주고 있다고 하니, 고맙다고 점심을 먹자고 한다. 내가 5천 원을 내려고 하니 좋은 책도 주고 손님인데, 그냥 먹자고 한다. 어머님이 계시는 용산 하이원 빌리지도 잘 안다고 하여 음식도 비교해 볼 겸 식사를 하니, 메뉴가 만둣국이라 비교하기가 힘들다고 했다. 그러나 여기 음식도 저염식으로 건강식인 듯했다.

20여 년 전, 설립자인 원장님도 손님이라면서 나를 반갑게 대하는 것 같다. 식사 후, 나오려는데 다른 쪽 식탁에서 식사를 하는 C 원장이 있기에 깜짝 놀랐다. 오래전 동수원병원에서 함께 근무했던 C 원장이 여기에 있다니……! 반갑게 악수하고 휴게실에서 잠깐 환담했다. 자기도 2008년경 건강이 좋지 않아서 개원을 청산하고, 몇 곳을 전전하다가 얼마 전부터 유당마을 의무실에서 근무한다고 했다. 나도 살아왔던 이야기를 해주며 이제는 오전에만 근무하는 곳을 찾고 싶다고 하니, 친절하게 메디게이트에 구직 광고를 띄워 보라고 조언도 해 준다.

1985년에 동수원병원에서 함께 근무한 후로 거의 30년이 흘렀고, 현직에서 거의 은퇴했으니 동료의식으로, 이심전심으로 마음이 서로 통하는 것 같다. 내가 글을 쓰고 출판하여 제2의 인생을 산다고 하니, 대단하다고 칭찬도 해준다. 시간이 되어 밖으로 나오니 헤어지기가 아쉬운 듯, 정문까지 따라와서 친절히 배웅해 준다. 친한 친구는 아니지만, 인생의 황금기에 뜻을 같이한 C 원장의 건강하고 행복한 인생을 기원하며 집으로 향했다.

남한상선을 오르며

_2014년 4월 10일 목요일

오전 10시경에 집에서 출발했다.

아내가 오전에 접에 있는 것을 싫어하니, 막연히 집을 나왔다. 집이 나의 도서관이라서 영통도서관에 가기도 싫고 하여 오랜만에 남한산성에 가 보기로 했다. 720-1번 버스를 타고 프리미엄 아울렛 맞은편 영덕 빌리지 근처에 가니, 일찍 핀 벚꽃, 개나리 등은 지고 밝고 새하얀 이팝나무 꽃처럼 조팝나무 꽃이 탐스럽고 눈부시게 피었다. 원천동 홈플러스 앞에는 분홍색과 자색이 어우러진 자목련도 아름답게 피고 있었다. 아주대학교 교정에도 자목련이 피었고, 월드컵 경기장 앞에는 벚꽃이 많고, 분홍빛과 연한 자색의 진달래가 탐스럽게 피었다.

잔디처럼 잘 다듬어진 철쭉나무에는 동백꽃처럼 붉은 꽃봉오리들이 탐스럽게 열려있고, 도로변 곳곳에는 분홍빛, 자색 철쭉 꽃봉오리들이 여기저기 널려 있다. 경기대학교 후문 중소기업지원센터, 융합기술원 등 근처에는 아직도 벚꽃이지지 않고 휘황찬란하게 빛나고 있다.

10시 50분경 오른쪽으로 우리 집(대림아파트 e편한세상) 쪽 도로 변에도 작은 벚꽃나무가 많고 휘황찬란하다. 왼쪽 광교산 쪽도 벚꽃과 모란꽃 등이 맑고 밝게 빛나고 있다. 수지까지 도로변에는 계속 벚꽃나무 천지다. 마음먹기에 따라 꽃대궐에 둘러싸인 우리나라가 바로 무릉도원(武陵桃源)이 아닌가!

또한, 달마다, 계절마다 꽃대궐이니(3월 매화, 동백꽃 등. 4월 개나리, 벚꽃, 진달래 등. 5월 철쭉, 이팝나무꽃 등. 6월 신록의 꽃 등. 7, 8, 9월 무궁화, 배롱나무꽃 등. 10, 11월 단풍꽃 등. 11, 12월 눈꽃 등) 우리나라 삼천리 금수강산이 바로 Paradise, Utopia, Shangri-La, Arcadia(고대그리스 펠로폰네소스 반도에 있었던 이상향), 남명(南冥: 莊子 逍遙遊에 나오는 이상향), 율도국(허균의 홍길동전에 나오는 이상향)이 아닌가!

11시 40분경 분당 중앙공원 후문 근처에도 큰 벚꽃나무들이 휘황찬란하다. 은행나무, 느티나무, 단풍나무 등의 새싹들도 한들한들 아름답다. 야탑역을 지나 도촌동 근처 개천가에도 커다란 벚나무들이 있고, 개나리가 지천이다. 언덕길을 신나게 달린 후 터널을 지나니 상대원시장이란다. 남한산성 입구 역에 내려서 걸어가니 을지대학교가 보이고, 길가에는 온갖 음식점 천국이다. 남한산성 입구에는 벚꽃이 별로 없고 시

조시인, 조선 시대 학자들의 간단한 시가 돌에 새겨져 있다.

송강 정철(1536~1593) 선생의 詩도 있다.

어버이 살아실제 섬길 일을 다 하여라
지나간 후면 애닯다 어이하리
평생에 고쳐 못할 일이 이뿐인가 하노라

또한, 조선 중기 문신인 삼학사 윤집(1606~1637) 선생의 詩도 있다.

성루에 올라보니 천지가 끝없는데
변경 밖 오랑캐군이 한눈에 들어오네
장부의 큰 뜻을 이제 어디에 쓰리
영웅의 마음으로 칼 어루만지며 저녁 바람을 맞네.

장부(丈夫)의 기상을 읊은 것 같은데 김종서 장군의 시가 생각났다.

삭풍은 나무 끝에 붙고 명월은 눈 속에 찬데
만 리 변성에 일장검 짚고 서서
긴파람 큰 한소리에 거칠 것이 없으라.

그러나 무(武)로써 뜻을 펼치겠다니 용장(勇將)이나 영웅은

될지언정 덕장(德將)은 아닌 것 같다. 君子나 大丈夫라면 德將이 되어야지! 德으로써 천하의 용장인 항우를 물리치고, 천하를 평안케 한 한고조 유방의 대풍가(大風歌)가 생각난다. 그리고 나의 기상(氣象)을 노래해 본다.

太風起兮雲飛揚(태풍기혜운비양)
清風明雨洗風塵(청풍명우세풍진)
吾爲五常平天下(오위오상평천하)
큰 바람 일어나니 구름 드날리네
맑은 바람 맑은 비로 풍진 때를 씻어내고
우리들 *오상의 덕으로써 세상을 편안하게 하리라!

*五常: 仁·義·禮·智·信

산성으로 올라가는 길옆에는 벚꽃, 산수유, 개나리, 복사꽃 등이 어우러져서 무릉도원(武陵桃源)을 이루고 있다. 계곡에는 냇물이 졸졸졸 흐르고, 조그만 소(沼, 연못)에는 복사꽃(도화유수묘연거 桃花流水杳然去) 대신 작은 물고기들이 한가롭게 놀고 있다. 붉은 철쭉, 분홍빛 자색 철쭉은 꽃처럼 예쁜 봉오리를 내밀고, 조그만 연초록 작설 같은 단풍잎들은 미풍(微風) 속에서 아기 손처럼 깜찍하게 한들거리고 있다. 새하얗고, 맑게 빛나는 조팝꽃도 탐스럽게 피었고, 행운은 주는 까치도 밝고 힘차게 노래한다.

약사사(藥師寺)로 가는 길옆에선 벚꽃과 복사꽃들이 지천(至賤)으로 휘황찬란(輝煌燦爛) 하고, 어디선가 소프라노보다 청량(淸凉)한 새 소리가 울려 퍼지니 여기가 바로 선경(仙境)이고 무릉도원이다!

나무 아래 땅 위에는 파란 자색의 작은 꽃들이 눈부시게 빛나고 있다. 이 꽃은 정말 보석이나 다이아몬드보다 더 아름답고 눈이 부실 정도로 환하게 빛나는데, 알아보니 '비올라'라고 한다.

선경이고 무릉도원답게 산 속 곳곳에서, 머리가 희고 신선처럼 생긴 사람들이 한가롭게 바둑, 장기를 두고 있다. 또한, 옆에서는 동산용 지팡이(스틱)를 들고 구경하는 사람도 있다. 바둑이 너무 재미나서 구경하다가 도낏자루 썩는다는 중국 전설이 있다.

어느 마을에 사는 나무꾼이 산에 나무하러 갔는데, 산 속에서 두 신선이 바둑을 두고 있었다. 나무꾼이 바둑을 한참 구경하다가 바둑이 끝나고, 나무하러 가려고 옆에 두었던 도끼를 드니 도낏자루가 썩어 있었다. 할 수 없이 나무도 못 하고 마을로 내려가니, 전부 모르는 사람들이었다. 아는 사람들은 모두 나이가 들어 사망하고 손자들도 자기보다 늙었다고 한다. 물론 사실이 아닌 과장법이겠지만, 바둑이 그만큼 일도 잊을 정도로 재미있다는 뜻이다.

또한, 여기서 바둑 구경하는 사람도 이 고사를 알고 썩지 않는 쇠지팡이를 들었구나 하는 억측도 해본다. 나도 바둑을 가끔 두지만 기원에 가면 바둑에 중독되어 날마다 두는 사람도 많다. 바둑을 취미로 즐기는 것은 치매도 예방하는 등 정신건강에 좋지만, 중독이 되면 아까운 시간을 허송세월하게 된다. 아무리 많은 돈으로도 살 수 없는 것이 시간인데, 또한, 일촌광음불가경(一寸光陰不可警, 짧은 시간도 가볍게 여기지 말라)인데, 바둑은 일주일에 한 번 정도가 적당할 것이다.

'생태학습장'에도 비올라가 피어있는데, 4월에 피는 앵초, 5월에 피는 야생화의 여왕인 금낭화, 여름에 피는 꼬리풀, 나리꽃 가을에 피는 국화류 등 70여 종의 우리 꽃들이 식재되어 있다고 한다.

백련사 근처 길가에 큰 모란꽃이 우아하고 화사하게 활짝 피었고, 산 속에는 산벚꽃과 진달래도 활짝 피어있다. 오후 2시 5분경에 남문인 '지화문(至和門)'에 도착했다. 앞에 보호수인 느티나무 몇 그루가 있는데 1626년 인조 4년, 성이 준공될 때 토양 유실을 방지할 목적으로 심은 것 같다고 한다. 남문을 막 지나니 큰길가에 활짝 핀 개나리와 진달래꽃이 너무나 화사하고, 맑고 밝게 빛나고 있어서 가슴이 확 트인다.

옆에 등산복을 잘 차려입은 4~50대로 보이는 여자 네 명이 안내판을 보고 의아해한다. 내가 '지화문(至和門)' 은 논어의 '화이부동(和而不同, 생각이 다른 사람들이 서로 양보하여 화합하는 것)'처럼 서로 화합하여, 글자 그대로 지극히(至) 화합하여 나라의 발전에 힘쓰라는 뜻이라고 하니, 이해하는 듯 끄덕인다. 그런데도 논어를 잘 못 배운 반쪽 선비, 소인배들이 서로 양보하여 화합할 줄 모르고, 권력 놀음인 당파싸움에만 몰두하다가 임진왜란과 병자호란 등의 치욕을 당했다고 하니 알아 듣는 듯하다.

지금도 우리는 논어의 교훈을 모르고 반쪽 선비, 소인배 같은 정치꾼들이 화합하여 나라 발전을 위해 일하지 않고 당파싸움하듯이 이전투구(泥田鬪狗)로 서로 싸우니, 크고 작은 불상사가 그칠 줄을 모른다고 하니 이해하는 듯하다. 그러나 남루한 나의 행색을 보고 의아해하여 더는 설명하기가 좀 쑥스러웠다.

형식을 좋아하는 아내가 나에게 항상 복장 불량이라고 비난하는데, 이 사람들도 아내와 비슷한 것 같다. 낡은 운동화를 신고, 빛바랜 짧은 점퍼에 낡은 겨울 바지를 입고, 1998년도에 선물 받은 낡은 수첩을 들고, 여기저기 긁혀서 희끄무레하게 얼룩진 낡은 가방을 어색하게 메고 있는 나를 의아하게 생각한 것이 당연했을 것이다.

평소에 아내는 나에게 이상한 차림으로 독침산(영통중앙공원)을 돌아다닌다고 혐오감을 느끼지만, 나는 반대로 운동하러 산에 가면서 비싸고 거추장스러운 화려한 차림에 혐오감을 느끼고, 나의 실용적인 행동을 자랑스럽게 고수하고 있다.

남문에서 성벽을 따라 올라가면서 보니, 산새도 험준하고 성벽도 튼튼한 듯하여 난공불락(難攻不落)의 요새인 것 같다. 이러한 '난공불락의 성으로 왜 오랑캐 청나라에 항복했을까?' 하고 생각했는데, 알고 보니 군량미가 부족하고 군사수도 청나라의 10분의 1 정도로(만여 명과 10만여 명) 턱없이 부족하여 40여 일을 버티다가 항복했다고 한다.

오후 2시 40분경에 드디어 청량산 '영춘대'에 올랐다. 해발 400여 미터 정도인지라 시야가 확 트이고 성남시가 한눈에 들어오는 듯하다. 청량산 곳곳에도 진달래, 개나리가 화사하고, 맑고 밝아서 그림처럼 아름답다.

안내판을 보니 '수어장대' 0.4km, 우일문(서문) 1km라고 한다. 너무 멀고 지쳐서 다음을 기약하고 되돌아 내려왔다. 오후 3시 35분경 값이 싸면서도(3천 원) 담백하고, 구수하고 감칠맛이 일품인 전주 선지해장국을 맛있게 먹고 오후 4시경에 720-1번 버스를 타고 집으로 향했다.

남한산성 여행에서 느낀 점은 남문인 '지화문(至和門)'의 교훈처럼, 우리 국민이 '화이부동(和而不同)' 하여 나라가 발전하고 우리의 염원인 弘益을 하루빨리 실현해야 한다는 것이다!

광교호반 예찬

_2014년 4월 11일 금요일

9시 40분경 집에서 출발하니 날이 좀 흐린 듯하다. 오랜만에 3번 버스를 타고 광교산으로 꽃구경을 간다. 화성행궁 앞에서 왼쪽으로, 서쪽으로 팔달산을 바라보니 산 전체가 휘황찬란한 벚꽃으로 가득하니, 그야말로 꽃 대궐이구나!

광교산 입구에 들어서니 광교호 동쪽으로 벚꽃이 휘황찬란하여, 그야말로 花林野浮白光射(화림야부백광사, 꽃 숲은 벌판에 떠 있는 듯 희게 빛나고)로다! 서쪽으로는 개나리와 신록과 소나무 등이 어우러져서, 그야말로 對岸草色黃綠波(대안초색황록파, 맞은편 언덕의 풀빛은 황록색으로 물결치네)로구나! 벚꽃 아래로는 조팝꽃이 화사하게 피어있고, 아름드리 벚꽃은 북쪽 영동고속도로까지 뻗어있다. 광교산으로 가는 2차선 도로는 양쪽으로 휘황찬란한 벚꽃 터널을 달리는 듯하고,

오른쪽 벚꽃 아래는 해맑고, 밝게 빛나는 분홍빛 자색의 진달래가 어우러져서 그야말로 꽃대궐이다.

왼쪽, 서쪽에는, 은빛으로 또는 에메랄드빛 옥색으로 반짝이는 호수 위에서 한가로운 오리들이 그림처럼 떠다니고 있다. 올라갈수록 벚꽃 터널이 짙어지는 듯하고, 그 아래는 해맑은 개나리와 신비로운 분홍빛 자색 목련이 어우러져 있다.

청량한 새 소리와 어우러지니 무릉도원(武陵桃源), 유토피아, 샹그릴라가 따로 없네! 꽃 대궐 속에서 엔도르핀, 세로토닌 등 기쁨을 주는 호르몬이 많이 분비되는 듯, 사람들 표정도 꽃들처럼 맑고 밝아 선남(善男), 선녀(善女)가 따로 없네!

이런 절경(絶景)을 대형사진으로 항상 대하면, 우리 마음이 꽃처럼 아름답고, 맑고 밝게 순화(醇化)되어 우리 사회의 병폐(病弊)인 부정부패와 각종 재난, 안전사고 등이 대폭 줄어들고 살기 좋은 '행복한 나라'가 될 것이다.

조금 더 올라가니 모란꽃, 살구꽃, 개나리, 자목련, 민들레, 매화, 철쭉봉오리, 분홍빛 벚꽃 들이 어우러져 또한 울긋불긋 꽃 대궐이다! 호수 북쪽 끝, '광교 쉼터'를 지나 호수 서쪽으로 갔다. 올레길, 둘레길 같은 서쪽 호반을 걸으니 곳곳에 해맑고 청초한 진달래꽃들이 운치를 더해주고, 해맑은 연초록 초록빛 새싹 꽃들과 분홍빛 벚꽃들이 어우러지니, 이 또한 울긋불긋 꽃 대궐이네!

맞은편 동쪽 호반 위에 십 리 벚꽃길이 휘황찬란하게 빛나니, 그야말로 '화림야부 백광사'다. 이곳 서쪽 호반의 산에는 분홍빛 진달래가 많아서, 그야말로 '대안초색홍(紅)록파'다. 조금 나아가니 에메랄드빛 호수가 만처럼 서쪽으로 드리우고, 은빛, 녹색 물결 위로 원앙새처럼 아름다운 작은 새 두 마리가 정답게 노닐고 있다.

서쪽 마을에는 벚꽃, 진달래, 복숭아꽃, 이름 모를 꽃들이 형형색색(形形色色)으로 피어서 또한 울긋불긋, 꽃 대궐이다. 닭 한 마리가 꼬끼오하고 청량하게 소리 내니 여기도 또한 무릉도원이네!

길가에 피어있는 녹색 찔레나무 잎도 언제나처럼 눈과 마음을 편안하게 해 준다. 호수 아래, 광교산 입구 근처로 되돌아오니 자연을 살린 우리식 정원이 멋지게 조성(造成)되어 있다. 호수에서 내려오는 물이 작은 연못을 이루고, 그 아래로 냇물이 흐르고 습지가 형성되어 있다.

동쪽 언덕에 작은 정자가 있고, 그 아래로 큰 수양버나무가지가 흐르는 냇물에 드리워져 있다. 정자 동쪽은 잔디밭에 여러 가지 나무들이 어우러져서 작은 숲을 이루고 있다. 아름드리 벚꽃나무에서는 벚꽃 잎들이 흩날리는 함박눈처럼 떨어지고 있다.

숲에는 참새들이 이 나무, 저 나무를 잽싸게 오가며 맑고 시원하게 노래하고 있다. 오래전에 쓴 춘망(春望)의 한 구절을 여기서 확인하니 감개가 무량하다! 행급조제청량가(行急鳥啼淸涼歌: 바삐 움직이는 작은 새는 맑고 시원하게 노래하네)를 확인하면서 광교호반을 예찬해본다.

꽃 숲은 벌판에 떠 있는 듯 희게 빛나고(花林野浮白光射)
맞은 편 언덕의 봄빛은 홍록색으로 물결치네(對岸春色紅綠波)
눈에 비치는 에메랄드 호수는 정겨웁게 반짝이고
한가로운 오리 몇 마리, 그림처럼 떠다니네

눈처럼 흩날리며 떨어지는 꽃 향기로운데
바삐 움직이는 작은 새들은 맑고 시원하게 노래하네
(行急鳥啼淸涼歌)
꿈속의 고향 같은 꽃대궐을 바라보면서
홍익(弘益)의 꿈을 실현하리라 각오해보네!

장사도 여행

_2014년 4월 13일 일요일

오늘은 오랫동안 가보고 싶었던 장사도 여행이다.

아침 7시 40분경 집에서 출발하여 헐레벌떡 버스를 타고 신갈 정류소에 도착했다. 어제, 고교동기들과 바둑 두고 술을 좀 마셨더니 컨디션이 썩 좋지는 않다.

굿모닝 여행사 버스가 기다리기에 미안한 마음으로 올라타니 뜻밖에도 손님이 20여 명 정도로 적은 편이다. 장사도의 볼거리라는 동백꽃이 지고 있기 때문에, 관광객이 아마도 지금 한창인 벚꽃 구경을 갔기 때문인 듯하다. 아니면 마음이 각박하여 여행할 여유가 없는 사람이 많아서일 수도 있을 것이고 또한, 노후 준비가 안 된 사람이 많아서일 수도 있기 때문일 것이다. 하여간 꿈에 그리던 장사도 여행이니 보람 있게 해야지! 사람이 적어서 가이드도 없으니 스스로 가이드가 되어 여행을 해야 한다.

날씨는 좀 흐려서 여행하기에 시원해서 좋고, 고속도로변에는 새하얀 조팝꽃이 화사하게 피어 여행의 즐거움을 더해준다. 곳곳에 진달래, 개나리, 벚꽃, 모란 등이 어우러져 여기도, 그야말로 울긋불긋 꽃대궐이다. 안성 휴게소 근처에 오니 희고 작은 배꽃들이 지천으로 피어 눈과 마음을 즐겁게 해 주고, 배 맛처럼 가슴을 시원하게 해준다.

9시경 옥산 휴게소에 내리니 여행객이 적어서 한산하고 11시경에 한숨 자고 나니 술도 깨고 머리가 맑아진다. 오른쪽 산속에 큰 저수지가 보이는데 여기서부터 진주라니 아마 남강댐인 듯하다. 오른쪽 산비탈에 동화 속 그림 같은 갈색 지붕의 흰 전원주택(카사블랑카)들이 아름답고 정취를 더해준다.

11시 30분경에 '호반한식뷔페'에서 식사를 했다. 봄동 쌈, 돼지고기볶음, 경상도 식 배추김치 등 참 오랜만에 먹는 별미고 일품(逸品)이다.

12시 15분경 식당을 출발하여 아름다운 산길을 한참이나 구불구불 돌아서 통영 여객선터미널에 도착했다. 산에는 온통 초록빛 소나무 숲과 어우러져서 연초록으로 밝고, 맑고, 화사하게 빛나는 아름다운 숲이다. 아마 꽃보다 더 아름답고 오래가는 백소사나무, 참나무 등의 신록 꽃일 것이다!

배가 출발한 지 불과 10여 분 후인 오후 1시 15분경 장사도에 도착했다. 뱀처럼 길게 생겨서 장사도라고 한다. 길이가 2km, 폭이 600m, 넓이가 13만 평이라는데 뱀과는 모습이 많이 다른듯하니, 장수도(長繡島: 길고 아름다운 섬), 등으로 이름을 바꿨으면 좋겠다.

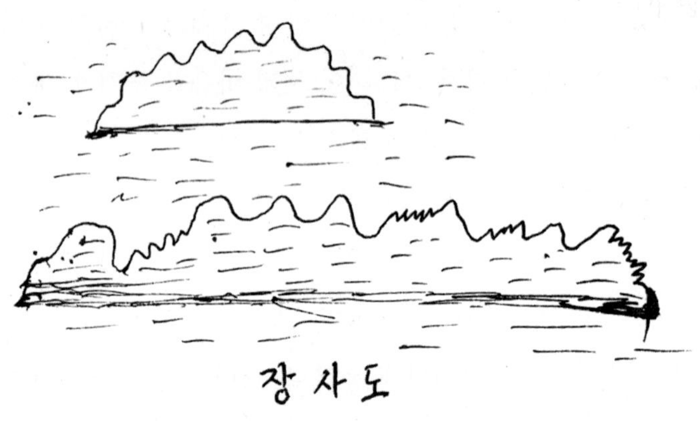

낮은 산봉우리 같은 섬 전체가 '홍도(紅島)'처럼 연초록으로 화사하게 빛나고 있다. 전망대로 올라가는 길에는 온갖 기화요초(琪花瑤草: 아름답고 고운 꽃과 풀)들로 가득하다. 연록으로 빛나는 나무의 정체가 자세히 보니 광나무, 동백나무인 것 같다.

전망대에 오르니 동백나무 숲, 광나무 숲 등이 가득하다. 어디서 많이 본 듯한 흰 장미꽃처럼 아름다운 꽃이 있는데, 이름은 아이로니컬하게도 '분홍말발도리꽃'이라고 한다. 바깥 잎(外잎)은 각이 지고 안쪽 잎(內잎)은 톱니바퀴처럼 생겼는데 장미보다 더 아름답고 조화로운 것 같다.

배롱나무도 있고 수선화 군락지, 털달맞이, 바늘꽃, 바람꽃, 패랭이꽃 등 너무 많아서 '꽃은 꽃이고, 나무는 나무다'라고 하는 수밖에 없겠다. 수국은 지고 있고 동백 숲은 지천이다.

'부엉이 전망대'로 가니 광나무처럼 생긴 아름답고 균형 잡힌 큰 나무가 인상적인데, 회양목이라고 한다. 바다를 향한 전망대 옆에 유치환 시인의 '행복'이 갈색 돌에 희게 새겨져 있다.

사랑하는 하는 것은 사랑을 받느니보다 행복하느니라
……
설령 이것이 이 세상 마지막 인사가 될지라도
사랑하였으므로 나는 진정 행복하였네라.

사랑을 받는 것보다, 사랑을 베푸는 것이 행복하다는 의미가 있는 명시인 듯하다. '사랑'이라는 시 구절을 보니 만해의 의미 깊은 詩가 생각난다.

'내가 당신을 사랑한 까닭은, 당신이 나의 미소뿐만 아니라 나의 눈물도 좋아했기 때문입니다.'

도덕성이 상실된 각박한 세상에서, 상대방의 미소(장점)만 좋아하지 말고 눈물(단점)도 좋아할 수 있기를 기대해 본다. 또한 사랑을 받기만을 원하지 말고, 베풀 수도 있기를 기대해 본다.

북쪽 여객터미널 쪽은 높은 산으로 둘러싸여 호수 같고, 남쪽은 하늘과 섬들이 물 위에 떠 있는 듯한 절경이다.

날이 흐려서 자세히 보이지 않으니 仙境처럼, 한 폭의 동화처럼 신비롭고 아름답다.

四海淸靑景(사해청청경: 사방이 온통 맑고 푸른데)

天島日夜浮(천도일야부: 하늘과 섬들이 밤낮으로 물 위에 떠 있는 듯)

전망대 아래쪽에 희고, 파란 자색의 밝고 해맑게 빛나는 작은 꽃들이 애기단풍처럼 깜찍하게 한들한들, 간들간들 거리는데 '비올라'라고 한다. 얼마 전 남한산성에서도 봤던 보석처럼 영롱하게 반짝이는 아름다운 꽃인데, 우리나라 전국에 분포하고 있는 것 같다.

날이 맑아지고 기화요초들과 숲 속에서 청량한 새소리가 가득하니, 여기가 또한 武陵桃源이고 파라다이스다! 하늘 높이 큰 새가 홍혹(鴻鵠: 기러기와 고니, 君子를 뜻함)이나 붕새(莊子, '소요유'에 나오는 큰 새로, 이상향을 꿈꾸는 사람을 뜻함)처럼 유유히 떠다니고 있으니, 여기가 또한 남명(南冥: 남쪽에 있다고 하는 큰 바다, 이상 세계)이고, 이상향(君子의 德이 가득한 나라)이로다!

숲 속에는 동백나무와 광나무 종류, 생달나무, 회양목 종류, 참식나무 등이 어우러져 있는데, 서로 비슷비슷하여 쉽게 구별이 되지 않아서 그냥 '나무는 나무다'라고 하는 수밖에 없다.

숲길을 따라 계속 나아가니 '새덕이'라는 나무도 있고, '구실잣밤나무' 등도 많은데 이 나무들도 서로 비슷비슷하여, 마치 외국인들이 서로 비슷비슷한 것처럼 구분이 잘되지 않아서 이 또한 거저 '나무는 나무다'라고 하는 수밖에 없다. 크기로 구분하자면 후박나무와 구실잣 밤나무가 가장 큰 것 같다.

이러한 아열대 식물들이 백소사나뭇잎과 어우러져서, 곳곳에서 연록색의 꽃처럼 화사하게 빛나고 있었을 것이다. 선착장 옆 언덕에 올리브나무처럼 희게 빛나는 나무가 인상적이어서 가보니 별똥나무인 듯했다. 나무나 꽃은 어딜 가나 다 비슷비슷하게 보여, 다음부터는 철학을 중심으로 보다 더 인문학적인 기행문을 써야겠다!

오후 3시 30분경 배를 타고 장사도를 출발하니 갈매기 때가 따라온다. 바람이 세차게 부는 데도 승객들이 던지는 과자(새우깡)를 잘도 받아먹는 모습이 묘기를 보는 듯 신기하다. 아마 장사도를 여행하는 많은 관광객이 던져주는 과자에 단련이 되었기 때문이리라.

오후 4시경 여객터미널을 출발했다.

가이드가 없으니 기사가 설명을 하는데, 산에 연록색으로 빛나는 나무들이 단풍보다 더 아름답다고 한다. 가이드들도 못 보는 경치를 기사가 설명을 하는데, 나무 종류는 모른다. 나도 이번 여행을 통하여 장사도에서 확인했는데, 앞서 말 한대로 백소사나무, 광나무, 구실잣밤나무, 아열대 식물 등이 어우러져서 연초록으로 꽃보다도 더 아름답게 빛나고 있는 것이다.

4시 15분경 길가에 큰 보호수가 있는데, 팽나무라고 한다. 통영·거제 간 14번 국도를 달린다고 하는데, 여기는 횡단보도가 없단다. 일본처럼 지하로 사람이 횡단한다고 하니 교통사고가 많지 않을 것 같아서 좋아 보였다. 버스 기사가 자상하게 계속 설명하는데, 우리나라 국도는 홀수가 종단, 짝수는 횡단, 가로 도로니 여행 때 참고하라고 한다.

4시 40분경 자주 들르는 건어물매장(바다내음)에 도착하여 아내가 멸치젓, 미역, 생굴들을 구매했다. 5시경에 출발하여 6시 20분경 함양 근처로 오니 지대가 높아서인지 아직도 벚꽃이 활짝 피어있다. 여기도 섬진강처럼 백 리 벚꽃길인지, 오른쪽 높은 산 아래로 가는 도로를 따라 벚꽃길이 한없이 계속되고 있다.

6시 25분경 60령터널을 지나니 장수군이란다. 여기도 활짝 핀 벚꽃이 산 속에 숲을 이루고, 오른쪽 아래로도 벚꽃길이 계속된다. 개나리, 진달래, 조팝꽃들이 활짝 피어 있어서 그야말로 꽃대궐이다.

덕유산 휴게소에서 칡즙 1병과 옥수수 1개를 샀다. 중국산 옥수수는 우리보다 더 크고 맛도 괜찮다. 우리도 중국처럼 큰 옥수수를 재배하면 좋을 것 같다.

6시 54분경 오른쪽에 무주 읍내가 한눈에 보이고, 여기서도 작은 길을 따라 활짝 핀 벚꽃길이 멀리 높은 산 아래로 이어진다. 원래 우리 꽃인 벚꽃이 이제 우리나라 방방곡곡에 가득 찼네! 그렇지! 꽃 중에서 가장 예술적인(아름답고, 깊이 있고, 조화롭고, 희망을 주는) '무궁화'가 빨리 방방곡곡에 가득해야지! 또한 무궁화처럼 오래 피고 선비정신(지조, 절개, 청렴 등)의 상징인 '배롱나무(나무 백일홍)'와 君子의 상징인 '매화'도 방방곡곡에 가득해야지!

그리고 해마다 대대적으로 축제를 열어, 최고의 진리, 문화인 우리의 *'선비정신'을 되살리고 각오하여 우리의 염원인 弘益을 실현해야지!

*선비정신: 學文과 仁·義·禮·智의 德과 藝術을 아는 멋지고 훌륭한 정신

서울 투어

_2014년 4월 20일 일요일

오늘 처음으로 서울 투어를 하려고 12시 23분경 아내와 민나와 함께 서울역으로 가는 5107번 버스를 탔다. 오후 1시 30분경 광화문 앞에서 투어 버스를 타고 덕수궁, 남대문을 지났다. 禮를 숭상한다는 숭례문(崇禮門) 글씨가 어색한데, 무난하고, 균형이 잡히고, 아름답고 안정감이 있는 '인쇄(印刷)체'로 쓰면 더 좋을 것이다. 또한 빨리 禮는 '형식보다는 내용(논어, 팔일편)'이라는 禮의 진정한 뜻을 되찾고 실천해야 나라가 발전하고 행복한 나라가 될 것이다!

사실 이번 세월호 참사를 비롯하여 거의 모든 대·소사고들은 '내용'인 禮를 등한시하고 '형식'인 허례허식을 숭상했기 때문에 일어나는 것이다!

버스에서 대중가요만 주로 울려 퍼지는데, 외국 사람들도 많은 것 같으니 클래식도 가끔 들려주면 좋겠다.

1시 45분경 용산역을 지나고 '국립중앙박물관'에 도착하니 분홍빛 철쭉꽃이 지천으로 활짝 피어 있어서 인상적이었다. 2시경 '전쟁기념관'을 지나고 이태원으로 오니 옷가게가 많고, 테라스 같은 곳에서 주로 외국인들이 한가롭게 음료수 등을 마시고 있다.

2시 10분경 크라운호텔을 지나 2시 17분경 명동에서 하차했다. 명동칼국수를 먹으러 가는데, 주로 중국인들인 듯한 관광객들로 바글바글하다.

1982년경에 다녀간 이후로 30여 년 만에 명동칼국수 집에 도착하니, 입구에서부터 손님이 길게 줄을 서 있다. 그러나 준비를 잘 했는지, 종업원들이 질서정연하게 안내하여 10분 정도 기다린 후에 식사를 할 수 있었다. 배도 고프고 오랜만에 먹는 별미인지라, 함께 나온 밥과 사리까지 실컷 먹었다. 김치는 옛날 그대로 담백하고, 매콤하고, 상큼하고, 쫄깃쫄깃한 맛이 일품(逸品)이었다. 면은 구수하지만 쫄깃쫄깃한 맛이 덜하고, 해물 대신 소고기만 넣어서 그런지 짬뽕이나 우동처럼 담백한 맛이 덜하다.

김치 맛은 일품이나 칼국수 맛은 별로인 것 같은데, 손님이 바글바글하니 관습, 전통, 홍보 등의 무서운 힘을 절감하지 않을 수 없었다. 맛도 좋지만 최고의 웰빙 건강식품인 우리 음식(비빔밥, 김치, 매운탕 등)도 홍보를 잘하여 빨리 세계화해야 할 것이다!

오후 3시 20분경 '남산골 한옥마을'에 도착했다. 남산은 풍광이 좋아서 옛날부터 사람들이 정자 등을 만들어서 살았다고 한다. 굴렁쇠가 몇 개 있는데, 사람들이 잘 다루지 못한다. 초등학교 때 굴리고 처음 보는 굴렁쇠라 처음에는 좀 어색했으나, 곧 신나게 굴리고 다니니 사람들이 모두 쳐다본다.

3시 50분경 한옥마을을 출발하여 앰버서더호텔을 지나 남산으로 올라갔다.

4시 5분경 남산타워 아래에 도착하여 서울을 전망하니 멀리 북쪽으로 북한산, 인왕산, 도봉산 등이 보이는 듯하다. TV에서 수많은 도시들을 봤지만, 서울처럼 아름다운 산들로 둘러싸인 절경은 보지 못한 것 같다. 그러나 아무리 아름다워도 생명 같은 공기가 맑아야 살기 좋은 곳이다!

빨리 악마의 눈물(기름), 악마의 가루(석탄)를 몰아내고 태양광, 풍력 등 청정에너지로 대체하여 황사, 미세먼지 등 대기오염으로부터 자유로워야 할 것이다!

남산타워로 올라가는 길옆에 성곽 한 부분이 쓸쓸하게 남아 있어서 '황성옛터' 노래가 생각난다. 곳곳에 느티나무 등, 꽃보다 아름다운 신록꽃들이 우거진 남산은 참으로 아름다운 공원이다! 공기도 맑은 듯 상쾌하고, 향긋하고, 뇌리(머릿속)에 착착 달라붙듯이 *감칠향(*머릿속(뇌리)에 착착 달라붙어서 계속 마시고 싶은 향기)이 나는 피톤치드(phytoncide)도 금상첨화로 아름다움을 더해준다!

4시 39분경 남산을 출발하여 '창경궁', '창덕궁'을 거친 후

'인사동'에 도착했다. 인사동에는 음식점, 전통찻집, 술집, 표구점 등이 많으나 특별한 문화는 없는 것 같다.

특별한 문화란 나라를 발전시키는 최상의 문화인 유교, 성리학 문화, 퇴계학, 실용 문화인 다산학 등이다! 인사동에는 이런 크고, 특별한 문화 대신 작고, 아기자기한 문화만 있는 것 같았다. 그래서인지 큰 문화는 잘 모르고 아기자기한 작은 문화를 잘 아는 외국인들이 인사동을 좋아하는 것 같다.

우리는 하루빨리 최상의 문화인 성리학, 다산학, 퇴계학, *서울의 표상인 오상(五常)의 德(*仁, 義, 禮, 智, 信) 동대문(興仁之門), 서대문(敦義門), 남대문(崇禮門), 북문(弘智門), 보신각(普信閣) 등을 *르네상스(부활, 재생) 하여, 세계에 알리고 우리의 염원인 홍익(弘益)을 실현하여 인류의 문화, 역사를 새롭게 바꿔야 할 것이다!

소록도, 금당도 여행

_2016년 8월 6일 토요일

날씨가 무더울 때라 집 떠나는 것이 좀 불안했으나 아내의 권유로 오랜만에 여행을 하게 되었다. 오전 6시 30분경 기상하여 광교중앙역에서 신분당선을 탔다. 오전 7시 17분에 광교중앙역을 출발하여 8시경에 죽전 간이정류소에 도착했다.

대기하고 있던 차를 타니 운전기사가 배식을 하고 있었다. 휴가철이라 관광객이 적어서 가이드가 없는 것 같다. 9시 15분경 정안휴게소에 도착했는데 승용차들이 가득 정차되어 있고 화장실도 바글바글하다. 손을 씻으니 물이 얼음처럼 차고 시원하다.

우리나라는 편의시설, 복지시설이 참 잘 되어 있는 것 같다. 65세 이상은 지하철도 무료이고, 연금도 지급되고 저소득층의 의료지원, 현금 지원 등의 혜택을 받으니 복지가 알뜰하게 실시되는 것 같다.

그러나 우리 사회가 여전히 불행하고 불만이 많은 이유는 부정부패와 빈부 격차가 심하기 때문일 것이다. 다시 말하면 경제적 형평성이 약해서 상대적 빈곤감을 느끼는 계층이 많아 여전히 불행하다고 느끼기 때문일 것이다. 빨리 미국이나 유럽의 선진국들처럼 지방자치가 잘 되어서 전국이 경제적으로 골고루 잘 사는 나라가 되어야 할 것이다.

고속도로를 타고 달리니 산과 들에는 녹음방초(綠陰芳草)가 풍성하게 우거지고 곳곳에는 백소사나무 잎새들이 햇빛에 반사되어 은빛 찬란하게, 휘황찬란하게 반짝이고 있다. 누군가 '행복의 초대 조건, 비결은 부족한 듯하지만 만족을 느끼는데 있다.'라고 했다.

빨리 소득 불균형이 해소되어 불만으로 겨울 나뭇가지처럼 앙상했던 우리의 마음도 만족감, 행복감으로 가득하여 녹음방초처럼 풍성하게 되고, 백소사나무 잎새들처럼 찬란하게 반짝였으면 좋겠다.

오전 11시 10분경 정안휴게소처럼 편의시설이 좋은 황전휴게소를 지나니 산봉우리들이 겹겹으로, 첩첩으로 환상적으로 펼쳐지고, 나도 모르게 너무나 아름다운 '막스 브루흐'의 '스코틀랜드 환상곡'을 노래하게 된다.

순천 인안초등학교 서쪽에 붉은 배롱나무꽃(나무 백일홍)이 활짝 피어 도로를 따라 기다란 꽃 숲을 이루고 있다. 선비의 꽃, 군자의 꽃인 배롱나무꽃 축제도 대대적으로 열어서 최상의 문화인 '공·맹(孔·孟)의 철학'을 르네상스(부활)하고, 우리의 염원인 홍익(弘益)을 실현했으면 좋겠다.

12시 10분경에 식당에 도착하여 순천의 별미인 짱뚱어탕으로 식사를 했는데, 담백하고 시원한 맛이 추어탕과 비슷하다. 닭백숙도 나오고 갓김치, 젓갈 등도 나오고 고구마, 보리떡 등 웰빙 식품들도 나오니 오랜만에 먹는 진수성찬이다.

식사 후 고흥반도로 출발하니 가로수 등 곳곳에 배롱나무꽃들이 너무나 많다. 산에도 들에도 배롱나무꽃 천지다. 최상의 문화인 선비 정신을 상징하는 배롱나무꽃 숲들을 보니 한여름의 무더위처럼 답답했던 마음이 확 뚫리고 시원해지는 느낌이다.

12시 43분경 드디어 왼쪽으로 바다가 보인다. 텔레비전에서는 많이 봤지만 실제로는 오랜만에 보는 정겨운 남쪽 바다다. 오후 1시 2분경 동쪽으로 멀리 월출산처럼 아름다운 산봉우리들이 보인다.

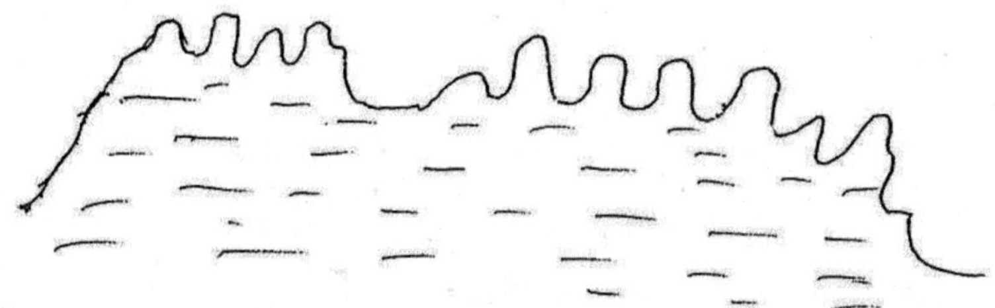

오후 1시 20분경 소록대교를 건너서 소록도에 도착했다. 소록도는 하늘에서 보면 작은 사슴처럼 생겼다고 하여 소록도(小鹿島)로 명명되었다고 한다.

1916년에 설립했다는 나환자병원을 대충 견학하고 '중앙공원'으로 향했다.

중앙공원은 일본강점기 때 나환자들이 건설한 일본식 조경이라고 한다.

황금편백나무가 특이하고 당종려나무도 있다.

공원 중앙 근처에 소록도병원에서 봉사한 세 사람의 오스트리아 수녀들의 공적비가 있다.

얼마 전에 신문에도 크게 보도되었는데 청춘을 우리나라 나환자들을 위해 봉사한 사람들이라고 했다. 이처럼 훌륭한 사람들의 공적비를 보니 감회가 더욱 새롭다. 그 근처에 뒤틀어신 특이한 소나무 한 그루가 있는데, 한센병 환자들의 애환을 표현한 것 같다고 한다.

섬잣나무, 향나무 등 여러 가지 아름다운 나무들이 잘 가꾸어져 있고 새 소리, 매미 소리가 어우러져서 청명(淸鳴)하게 소리를 내니 마치 에덴동산에 온 듯한 느낌이다. 등나무가 있는데 등나무는 오른쪽으로 나무를 감는다고 한다. 칡넝쿨은 나무를 왼쪽으로 감는데 등나무와 합치면 나무가 살아남지 못한다고 한다. 그래서 갈등(葛藤)이라는 말이 생겼다고 한다.

'갈등'이라는 말의 유래를 현지 가이드에게 배웠으니, 이 또한 보람찬 수학(修學)여행이라서 마음이 흐뭇하다. 좌우 이념 갈등, 계층 갈등, 빈부 갈등 등으로 얼룩진 우리 사회도 *동이불화(同而不和: 같으면서도 화합이 안 됨)의 갈등을 해소하고

*화이부동(和而不同: 생각이 달라도 서로 양보하여 화합함)으로 나아가야 좋을 것이다(*논어, 자로편, 군자(君子)는 和而不同하고 소인(小人)은 同而不和 니라).

공작편백도 있는데 편백나무도 종류가 다양한 것 같다. 약 2시간 동안 해박한 가이드의 설명으로 소록도를 관광한 후 3시 12분경에 출발했다. 오후 3시 18분경에 약 2km 길이의 거금대교를 건너서 거금도 금사면에 도착했다.

유람선을 기다리며 거금대교 아래 인도교로 오니 뜻밖에도 시원한 바닷바람이 선풍기처럼 불고 있었다. 거금대교는 잠수교처럼 2층 구조의 현수교인데, 위층은 차도(車道) 아래층은 인도(人道)로 되어 있다.

여러 사람들이 자리를 펴고 음식, 과일 등을 먹으며 피서를 하고 있었다. 밖에는 35도 정도의 찌는 듯한 무더운 날씨인데 다리 위는 너무나 시원하여 참으로 신기하였다. 바둑판만 있으면 신선놀음이 따로 없을 것도 같았다.

시간이 남아서 유유자적(悠悠自適)하며 주위를 살피니 물 위에 떠 있는 듯한 섬들도 더욱더 시원하고 아름다운 것 같았다.

다리 아래 갯벌에는 왜가리가 다양한 포즈를 취하며 아름다운 자태를 뽐내고 있었다.

거금대교에서 나오니 길가에 애기동백나무가 있는데, 동백나무 축소판처럼 작고 열매도 조그마하다. 차가 다니고, 사람도 다니고, 피서도 하는 등 다목적으로 실용적인 거금대교는 2002년에 착공하여 2012년에 완공되었다고 한다.

4시 46분경 유람선을 타고 금당 8경으로 향했다. 오른쪽으로 소록도를 바라보며 서쪽으로 미끄러지듯이 나아간다. 청청해역에 어장 부유물들이 떠 있고 멸치잡이 배들도 다니고 있다. 조금 더 나아가니 거금도 해상 낚시공원이 있고 에스키모인들이 살고 있는 이글루를 닮은 하얀 펜션들이 떠 있다.

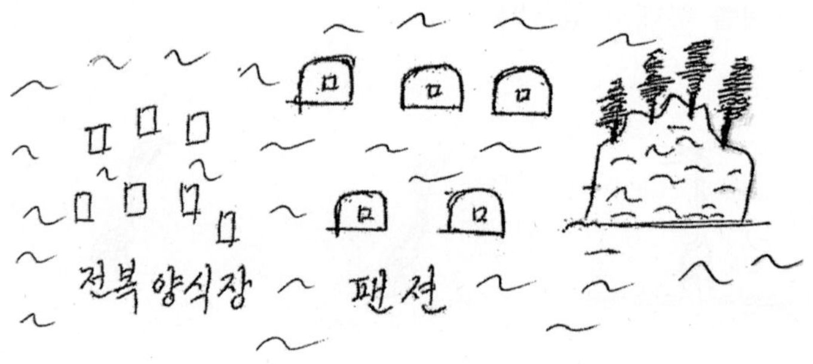

거금도 아래에 아름다운 연홍도가 있는데 '가보고 싶은 섬'으로 지정되었다고 한다. 남서쪽으로 한참 나아가니 금당도가 나타나고 북쪽에서부터 금당 8경이 시작된다.

제1경은 병풍바위, 주상절리인데 큰 만물상처럼 너무나 화려하고, 조화롭고 아름다워서 필설로 표현하기가 어려울 정도다.

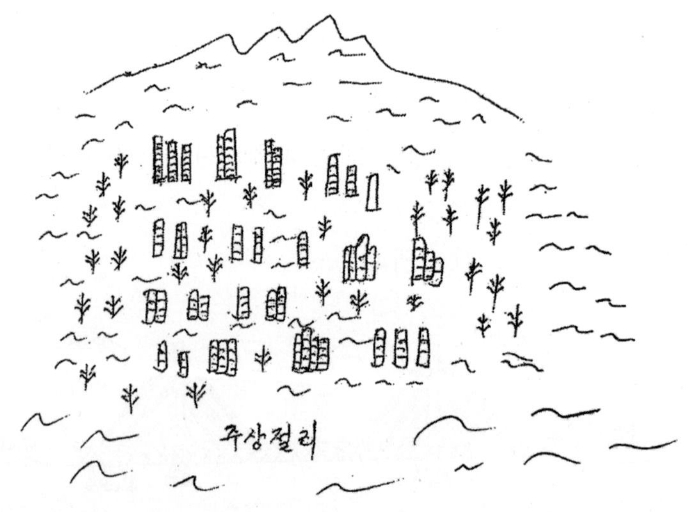

제2경은 부채바위인데 조선 시대 많은 화가들이 수묵화로

그렸다고 한다. 그밖에도 천불상, 악어바위, 거북이바위, 매바위, 도깨비바위, 시루떡바위, 소바위, 스님바위, 삿갓바위 등 33경도 있다고 한다. 제5경은 청풍적벽, 제6경은 처가바위, 제7경은 코끼리바위, 제8경은 남근바위라고 한다.

그밖에도 용머리바위, 파도바위, 영지버섯바위 등 절경들이 너무 많아서 일일이 다 기록하지 못할 정도였다.

한마디로 금당도는 해금강, 홍도, 백도처럼 절경이 많은데 규모가 크고 교통이 좋아서 잘 개발하면 세계적인 훌륭한 관광지가 될 것이다. 뜻밖에도 너무나 아름다운 크루즈관광 경로를 요약해 보면 다음과 같다.

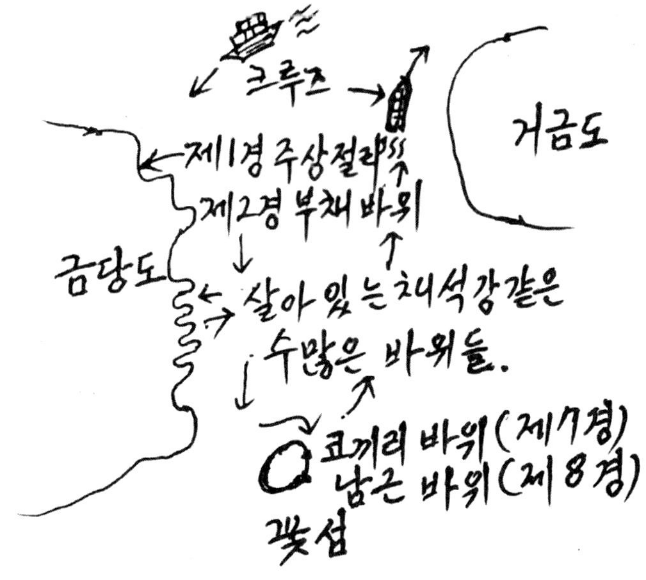

오후 8시경 크루즈에서 하선하여 거금대교와 소록대교를 지나서 녹동으로 왔다.

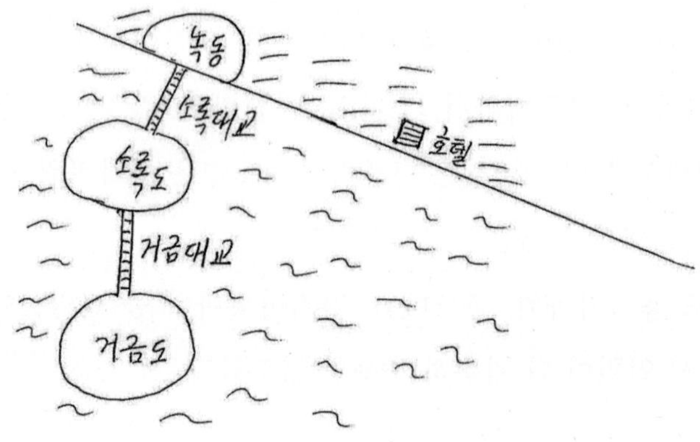

녹동 광주 횟집에서 광어, 돔 등 회와 성게, 소라, 개불 등으로 식사를 했는데 참으로 별미였다. 오랜만에 맛 여행답게 잘 차려진 저녁 식사를 맥주와 함께 포식을 했다.

저녁 식사 후 녹동 동쪽에 있는 호텔에 오니 냉방시설이 잘 되어서 시원하게 잠이 들었다. 그러나 집 떠나면 깊은 잠을 못 자는 체질이라 새벽 3시경에 잠을 깨고, 창문을 여니 밤바다의 야경이 너무나 아름답다.

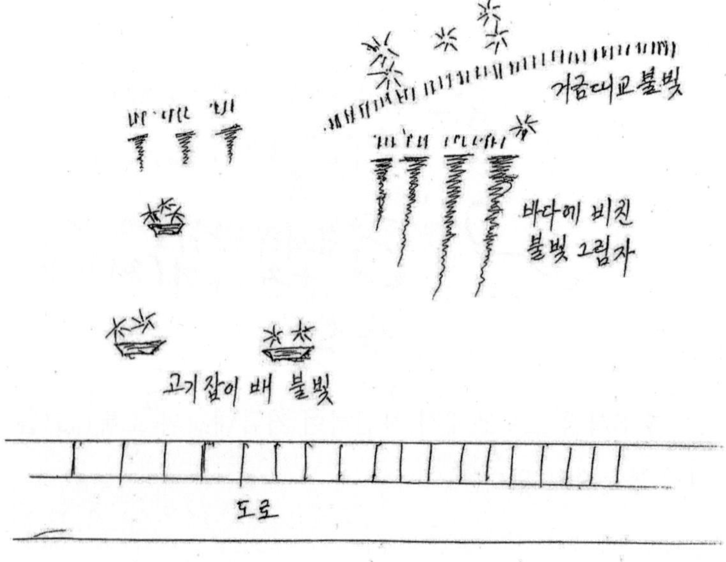

앞바다에 고기잡이배들이 불을 환하게 밝히고 떠다니고, 멀리 거금대교의 불빛이 휘황찬란하게 빛나고 있다. 거금대교의 불빛이 바다에 반사되어 파도를 타고 나에게로 다가오는 듯하다. 마치 아름다운 경치에 대한 기행문 작성에 부담을 느껴 근심어린 나의 얼굴로 다가오는 듯도 하다.

고깃배가 떠다니고 바다에 비친 불빛 그림자들을 보니 당나라 때 詩人인 장계의 유명한 詩 '풍교야박(風橋夜泊)이 생각난다. (*장계가 과거 시험에 낙방하여 여객선을 타고 고향으로 돌아가면서 지은 詩, 이 詩를 쓰고 다음 해에 과거에 합격했다고 함.)

월락오제상만천(月落烏啼霜滿天) 달은 지고 까마귀 울고 서리가 하늘에 가득한데

강풍어화대수면(江楓漁火對愁眠) 강교와 풍교의 고기잡이배들의 불빛이 수심어린 나의 얼굴에 비치네

고소성외한산사(姑蘇城外寒山寺) 고소성 밖 한산사에서

야반종성도객선(夜半鐘聲到客船) 한밤중의 종소리가 뱃머리를 두드리네

그리고 장계를 흉내 내어 나도 詩를 한 수 읊어 본다.

멀리서 거금대교의 불빛이 휘황찬란하게 빛나고

앞바다에는 고기잡이배들이 불을 밝히고 바쁘게 떠다니네

바다에 비친 불빛 그림자가 너울너울 파도를 타고
수심어린 나의 얼굴을 어루만지네.

오전 7시 10분경에 아침 식사를 했다.

고등어구이, 조개, 홍합탕 등 맛 여행답게 담백하고, 구수하고, 간간하고(조금 짠 듯하면서 맛있고) 감칠맛이 나는 음식들이 일품(一品: 맛이 좋기로 첫째가는 요리)이었다. 특히 갈치속젓이 별미(別味)였다.

길가 가로수들이 온통 붉은 배롱나무 꽃밭을 이루고 있다. 배롱나무 꽃길을 지나서 오전 9시경에 보성 차밭에 도착했다. 차밭 주위는 편백나무, 삼나무 숲이 혼재되어 있는 듯했다. 경사진 차밭을 중간 쯤 올라가니 햇볕이 작열하고 바람이 없어서 땀이 쏟아지려고 한다. 그래서 끝까지 올라가지 못하고 향나무 숲, 참나무 숲에서 잠시 휴식을 취한 후 내려왔다.

10시 20분경에 송광사로 출발했다.

메타세쿼이아 숲이 우거진 길을 한참 달려서 송광사로 가는 길옆과 산속에도 배롱나무꽃이 지천으로 피어 있다. 11경에 송광사에 도착하니 절 앞마당에도 오래된 배롱나무 네 그루가 잘 보존되어 있다. 배롱나무꽃은 7월에서 9월까지 오랫동안 꽃이 피기 때문에 백일홍이라고도 한다. 송광사는 전에도 방문했기 때문에 대충 보고 편백나무 숲길을 따라서 내려왔다.

배롱나무꽃은 자세히 보면 분홍색이 가장 많은 것 같고, 붉은색도 많은 것 같다. 가끔 파란 빛을 띤 자색 꽃도 있는 것 같고, 흰색 꽃도 있다고 동행한 아마추어 사진작가가 알려 주었다. 실제로 식당 근처에서 흰 꽃 배롱나무를 확인하기도 했다.

선비의 꽃이라는 배롱나무꽃도 철쭉처럼 여러 가지 색깔로 구성되어 있다는 것을 처음으로 알았고, 수학(修學)여행의 의미를 되살리기도 했다.

1박 2일 여행을 함께 했던 정다운 일행들과 마지막으로 송광식당에서 된장찌개 백반으로 점심 식사를 했다. 삼합, 산나물, 젓갈 등을 곁들여 포식을 했는데, 이번 맛 여행의 최후의 만찬답게 참으로 별미(別味)고, 일미(一味)고, 웰빙 건강식이었다.

에필로그

아내의 권유에 따라 참으로 오랜만에 남해 바다를 여행하게 되었다. 조도8경을 여행 하려고 하다가 세월호 참사로 연기 했는데, 약 3년 만에 바다 여행을 했던 것 같다.

일본강점기 때 한센병 환자들의 애환이 서린 소록도병원을 늦게나마 방문하고 불행했던 환자들을 추모해 보기도 했다. 또한, 청춘을 소록도병원에서 봉사한 세 사람의 오스트리아 수녀들의 공적비를 보고 그들의 박애(博愛) 정신에 감동하기도 했다.

또한, 나환자들이 조성한 아름다운 정원을 보고 감탄하며 여행의 보람을 느끼기도 했다. 또한, 소록도를 떠나 금당도의 절경인 금당8경을 보고 황홀감, 행복감을 느꼈는데, 기대하지 않았던 이번 여행의 큰 보람이기도 했다.

동행한 사람 중에 70대, 80대 사람들도 있었는데, 은퇴 후 취미 활동을 하는 등 정신적 육체적으로 건강한 모습들을 보고 100세 시대의 우리 삶을 실감하기도 했다.

새벽에 호텔에서 너무나 아름다운 밤바다의 야경을 보고 당나라 '장계'의 유명한 시(詩) '풍교야박'이 생각났고, 곧이어

나도 장계의 슬프고도 착잡한 마음으로 시를 한 수 읊은 것도 큰 보람이었다.

그리고 이번 여행에서 가장 큰 보람은 순천에서 고흥반도, 송광사로 가는 길 곳곳에 선비의 꽃인 붉은 배롱나무꽃들이 지천으로 작은 숲을 이루고 있다는 사실을 확인한 것이다.

서양의 물질문명에 찌들어 어지럽고, 혼란스럽고, 불행한 우리 사회에 배롱나무꽃처럼 선비 정신이 확산되어 '평안한 나라', '행복한 나라'가 되기를 기대해 본다.

다시 말하자면 많은 사람들이 돈의 노예가 되어 갖가지 범죄가 그칠 날이 없는데, 최상의 철학, 인문학(행복학)이고 선비 정신이고, 孔孟의 덕(德)인 仁(박애), 義(정의), 禮(실용정신), 智(혁신)가 확산되어 '평안한 나라', '행복한 나라'가 되기를 기대하면서 귀갓길에 올랐다.

동해 기행

_2017년 8월 12일 토요일

오전 5시 5분경 아내, 민희와 함께 집에서 출발하여 광교중앙역에서 5112번 광역버스를 타고 서울역으로 출발했다.

5시 43분경 죽전휴게소 근처에 오니 북쪽으로 보이는 롯데월드 건물 윗부분이 번쩍거린다. 건물이 아주 높아서 그런지 가까이 있는 것처럼 보이는데, 이런 큰 건물도 우리를 조금 편리하게는 하겠지만, 정신적으로 큰 즐거움이나 행복을 주지는 못할 것이다.

6시 20분경 서울역 앞 세브란스병원 앞에 도착하여 6시 45분경 '동백여행사 동해 맛 기행' 버스를 타고 잠실로 출발했다. 잠실에 도착하니 45명이 승차하여 빈자리가 없는 만원이라고 한다. 그래서 현명한 아내가 좋은 자리를 차지하기 위해 서울역으로 갔던 것 같다.

7시 20분경 잠실역을 출발하여 중부고속도로, 영동고속도로를 거쳐서 중앙고속도로로 내려간다.

10시 9분경 충북 단양에서 4.5km인 죽령터널을 지나니 경북 영주시라고 한다. 옛날 선비들이 과거 시험을 보기 위해 죽령을 넘으면 대나무 잎에 죽죽 미끄러지듯이 과거에 낙방한다고 했다. 옛날에도 터널이 있었으면 과거에 합격하여 금의환향(錦衣還鄕) 했을 텐데…….

10시 30분경 '소수 서원'에 도착했다.

소수서원은 처음에 주세붕 선생이 백운동서원으로 명명했는데, 그 후 퇴계 선생이 서기 1550년경 풍기 군수 때 소수서원으로 개명(改名)했다고 한다. 입구에 500년 된 느티나무가 있고 곳곳에 200년 내지 400년 된(효종 때 심었다고 함) 금강송들이 많다.

500년 된 은행나무도 두 그루나 있어서 유서 깊은 곳임을 말해 주는 듯하다. 소백산서 흘러오는 숙계천 옆의 돌에 '경(敬: 君子가 지닐 최고의 德目으로 誠을 통해 平天下 한다는 뜻)' 자가 분홍빛으로 크게 새겨져 있는데, 유생들이 공부하다가 보고 잠시 경각심을 일깨웠다고 한다.

그 옆 좁은 공터에 퇴계 선생이 건립한 '취한대'가 있는데, 시를 짓고 학문을 토론하던 곳이라고 한다. 서원에는 네 개의 학당인 직방제(直方齊), 일신제(日新齊), 학구제(學求齊) 지락제(至樂齊)가 조화롭게 배열되어 있어서 참으로 인상적이다.

*직방제(*직방: 겉과 속이 익은 사람을 뜻함)는 몸과 마음의 수양(修養)을 잘 하라는 뜻인 듯하고, 학구제는 열심히 학문을 공부한다는 뜻이겠고, 지락제는 지극히 즐겁게 공부한다는 뜻으로, 논어 학이 편의 '배우고 때로 익히니 즐겁지 아니하랴(學而時習之 不亦說乎)를 활용하여 명명한 것 같다.

또한 일신제는 '대학(大學)'에 나오는 '일신우일신(日新又日新: 날마다 새롭게)'이나 '논어' '위정편'의 '온고지신(溫故知新: 옛것을 익혀서 새것을 안다)'을 활용하여 옛날 성리학 경전을 공부하고 사색하여 새로운 진리, 학문을 깨달으라는 뜻인 것 같다.

또한, 학당 굴뚝이 약 1m로 낮은 것이 특징인데, 난방이 너무 잘 되면 공부하는데 지장이 있어서 적당히 난방하기 위해서라고 한다. 그리고 낮은 곳에서 연기가 방출되면 해충들을 퇴치하는 방충 효과도 있다고 한다.

지금은 연기가 미세먼지 등으로 건강에 좋지 않은데, 옛날에는 미세먼지 개념이 없었고 장수하는 경우가 드물었으니 그 당시로는 과학적, 효율적으로 굴뚝을 잘 설치하였던 것 같다.

영주시에서 한우불고기 백반으로 점심을 먹고 12시 30분경 안동으로 출발했다. 평소에 불고기를 자주 먹어서인지 아내나 민희 옆자리 여자 관광객이 고기를 적게 먹어서 혼자 포식을 했다. 평소에는 나도 과식을 하지 않는데 여행 때는 남기는 것이 아까워서 포식을 하니 *군자(君子)가 되기는 참으로 어려운 것 같다(*공자 말씀하기를 君子는 식무구포(食無求飽: 먹는 데에 배부름을 구하지 않음)이라고 함).

오후 1시 5분경 하회마을에 도착했다. 낙동강이 마을을 동쪽에서 남쪽, 서쪽으로 휘돌아 흐른다고 하회(河回)마을이라고 한다. '삼신당'으로 가니 6백 년 된 느티나무가 있는데 천년은 된 듯 아주 우람했다. 토질이 좋아서 그런지 땅에서부터 다섯 갈래로 뻗은 줄기 두께가 열 아름도 넘을 것 같다. 수원 화성행궁의 6백 년 된 느티나무보다 훨씬 더 우람한 것 같다.

삼신당에서 소원을 빌면 이루어진다고 한다. 주로 아들을 낳게 해 달라는 소원을 빌면 이루어진다고 많은 사람들이 돈을 내고 소원을 비는데 아내나 민희도 소원을 빌고 있다. 나는 미신이라 소원은 빌지 않았지만 아내는 아마 민나가 태기가 있기를 빌었을 것이고, 민희는 결혼 문제나 박물관에 취직을 빌었을 것이다.

북서쪽으로 좀 멀리 부용대의 아름답고 웅장한 자태가 보이고, 주변의 경치가 선경(仙境)처럼 조용하고, 그림처럼 아름답다. 걸어 나오니 길옆에 미백색(微白色: 부유스럼하게 흰빛깔) 무궁화 꽃이 피었는데, 꽃 중의 꽃이고 최고 최상의 꽃답게 너무나 우아하고 아름답다. 아마 무궁화처럼 아름답고, 조화롭고, 신비롭고, 끈기와 희망을 주는 예술적이고도 환상적인 꽃은 이 세상에 다시없을 것이다!

유성룡 선생 고택인 '충효당'으로 들어가는 마당에 엘리자베스여황이 심었다는 구상나무가 있다. 구상나무는 지리산, 한라산 등에 분포하며 추위를 견디는 굳건한 힘을 지니고 있어, 우리 민족의 특징인 외유내강(外柔內剛)을 상징한다고 한다. 선녀처럼 아름답고 우아한 모습은 여성의 품격을 나타내고 있다고도 한다. 선녀가 목욕할 때 옷을 걸어 둔 나무라고도 한다. 여기는 낙동강이 너무 멀어서 선녀들이 목욕하러 못 올 것 같은데, 엘리자베스 여왕이 이러한 사실, 전설을 알았다면 낙동강 옆에도 구상나무를 심었을지도 모르겠다.

남쪽 낙동강 둑으로 오니 느티나무, 벚나무 등에 붙어 있는 매미 소리가 너무나 우렁차서 고막이 찡하는 듯하다. 아마 3~4백 년은 된 듯한 으리으리한 나무의 수액, 정기를 먹어서 나무들처럼 우렁차게 우는 것 같은데, 청량(淸涼)하여 싫지는 않고 오히려 무더운 더위가 조금 가시는 듯도 하다.

서쪽으로 둑길(둑 위로 난 길)을 걸어가니 강변 모래밭에 소수서원처럼 금강송 숲이 나타났다. 소수서원의 금강송보다는 조금 작아서, 수령이 1~2백 년 정도인 것 같았다. 강둑길 오른쪽 집 마당에는 선비마을답게 분홍빛과 파란 자색 빛이 어우러진 것처럼 보이는 배롱나무꽃이 너무나 산뜻하고 청아(淸雅)하게 빛나고 있다. 조금 더 가니 금강송 숲 너머로 '부용대(芙蓉臺)'의 웅장한 자태가 나타났다.

부용대

오후 2시 20분경 '하회마을'을 출발하여 3시경에 안동댐 아래, 낙동강을 가로지르는 나무다리 중간에 있는 '월영정(月映亭)'에 도착했다. 월영정에 오르니 강바람이 살랑살랑 불어서 시원한 듯했고, 아래로 돛단배가 흰 물결을 일으키며 지나가고 있었다.

오후 5시경에 축산항에 도착하니 날씨가 흐리고 바람이 많이 불었다. 약 200m 정도의 구름다리를 지나니 멀리 남쪽 바닷가 산언덕에 풍력발전기 20여 기가 신나고 돌고 있다. 이런 좋은 입지조건인 것 같은데도 정부가 풍력 발전, 태양광 발전 등 청정에너지에 집중적으로 투자하지 않으니, 참으로 답답하기 짝이 없다.

우리나라 바다, 해안, 언덕, 산 등에 풍력발전기를 대량 설치하면, 북해에만 주로 설치한다는 독일을 능가할 수도 있을 것이다. 독일은 풍력발전만으로도 전기의 20% 정도나 충족한다고 하는데, 삼면이 바다이고 국토의 70% 이상이 산인 우리나라에 풍력발전기를 대량 설치하면 30% 이상은 공급할 수 있을 것이다.

태양광발전, 조력, 파력, 수력발전 등으로도 대량으로 발전하면, 우리나라 수요를 공급하고도 남아서 수출도 가능할 것이다. 이렇게 되면 화석 연료에서 발생하는 미세먼지 등 오염 물질이 감소되어, 우선 가장 중요한 건강 증진에 많은 도움이 될 것이다.

그리고 청정에너지 사업은 고부가가치 사업이라 여러 방면의 일자리가 증가하고, 세금도 증가하여 정부 재원도 튼튼해지고, 복지도 향상되는 등 일거다득(一擧多得)이 될 것이다.

오후 5시 30분경 영덕항에 도착하여 끝없이 막막하게 펼쳐진 동해 바다를 감상했다. 옆자리에 앉았던 두 명의 중년여성은 감성이 풍부한 듯 감탄을 하면서 관광을 하는데, 내가 도와주려니 아내가 싫어할 듯하여 그만두었다.

전번 '강릉 기행' 때 동해 바다를 이렇게 묘사했지.

'둥근 하늘과 둥근 바다가 둥글게 만나니
온통 둥글구나!
우주도 둥글고, 지구도 둥글고, 사람도 둥그니
둥글게 둥글게 살리라!'

6시경에 영덕대게찜으로 식사를 했다. 영덕대게는 거의 처음 먹는데, 냉동한 것이라서인지 특별한 맛은 아닌 듯했다. 아내는 점심때 한우불고기에 이어 대게찜도 입에 맞지 않는지, 경상도 맛 기행은 작년에 갔던 전라도 맛 기행에 비하여 맛이 없다고 불만이다. 옆에 앉은 여성에게 내일 촛대바위관광 때는 가이드가 동행하지 않으니, 경험이 있고 책에 기록한 내가 설명해 주겠다고 하니 좋아한다.

7시 30분경에 백암온천에 도착하여 온천욕을 하니 물이 좋은지 피부가 매우 매끄럽다. 지루성피부염 증상과 알레르기 피부염 등 증상이 좋아지는 것도 같았다.

8월 13일 새벽 4시경에 잠이 안 와서 숙소인 '성류파크호텔'을 나와 아래 다운타운 같은 곳으로 걸어 내려왔다. 백암산(해발 약 1,000m) 속이라서인지 시원한 바람이 산들산들 불고 있다. 길가 돌에 백암온천 역사가 새겨져 있다.

1. 신라 시대 사슴을 뒤쫓던 사냥꾼이 발견한 천 년 역사를 간직한 온천
2. 중생대 백악기 이후 화성암 지역에서 분출되는 53도의 고온 온천수
3. 천연 알칼리성 라돈성 물과 수산화나트륨, 불소, 염화칼슘 등의 성분이 함유되어 만성 피부염, 자궁내막염, 부인병, 중풍, 동맥경화, 천식 등에 탁월한 효과

또한 그 옆에는 '천하제일'이라고 새겨져 있다. 그 옆에는 漢詩 칠언절구(七言絶句)도 새겨져 있었다.

溫湯井

鵝溪 李山海 詩(1539~1609)

백암산 아래에 온천이 있어
한 바가지 물로도 모든 병이 낫는다네
이제부터 자주 가 몸을 씻어서
이 늙은이 시병(詩病)을 치료해야지

또한, 옆에는
조선전기의 문신이자 학자인 서거정의 칠언율시(七言律詩)도 새겨져 있다.

井沐湯

四佳 徐居正(1420~1488)

여섯 자라 기운차게 산을 들어 올리고
아홉 용이 우물 지켜 수원이 신령스럽네
온천물 따뜻하여 봄날처럼 훈훈하고

귀신이 수호하는 듯 티끌 기운 없구나
한 움큼 물로도 묵은 병이 낫고
겨드랑이 날개 돋아 신선이 된다 하네
시와 술로 고질이 된 이내 몸
한 번 가서 시원스럽게 씻어버리려네

오전 4시 52분경 성류민속촌 식당 옆 계곡에서 출렁거리며 흐르는 맑은 물소리를 들으니 새로운 악상이 떠오른다.

간단한 곡이지만 변주하고 가사를 첨가하여 가곡으로 만들어 봤다.

호텔에 돌아와서 온천욕을 하고 아침 식사를 했다. 된장찌게백반인데 여러 가지 반찬이 있어서인지 모처럼 아내 입맛에 맞는 것 같았다.

백암온천을 7시 43분경 출발하여 내려오는데, 양쪽 길옆으로 온통 분홍색 배롱나무꽃 천지다. 감수성이 예민한 듯한 옆자리 여성 두 명 등이 탄성을 지르는데, 15분 이상이나 계속되는 장관이다.

큰 길가에도 가로수가 온통 배롱나무꽃이다.

8시 30분경 '성류굴'에 도착했다.

성류굴은 수중 석순 등이 특징이라고 하나 텔레비전에서 동굴 여행을 하도 많이 봐서인지 좋은 줄 모르겠다.

성류굴 출입구 길옆에도 배롱나무꽃이 가득하니 우리나라 방방곡곡에 무궁화처럼 배롱나무꽃이 가득한 것 같다.

선비(士, 선비: 學德을 겸비하고 예술을 하는 멋진 사람)를 상징하는 배롱나무꽃도 국화로 정했으면 좋겠다. 그리고 무궁화와 함께 대대적으로 축제를 열고 '선비정신(선비정신: 孔孟의 德인 仁·義·禮·智)'으로 우리의 염원인 홍익(弘益)을 앞당겨야 할 것이다.

10시 10분경에 추암에 도착하니 예상대로 가이드가 동행하지 않는다. 촛대바위는 4년 전 그대로인데, 내가 발견한 다른 바위들(메뚜기바위, 곶봉오리바위, 연꽃바위, 스핑크스바위, 새우바위)은 밀물 때와는 달리 썰물 때라서 뚜렷하게 보이지 않는다.

그래서 '여행 때, 기행문을 쓸 때 스케치를 참 잘하였구나.'라고 생각하고 있는데, 옆자리 여자 관광객 두 사람이 옆으로 온다. 촛대바위를 자세히 설명해 주고 약속대로 새우바위, 스핑크스바위. 연꽃바위 등을 설명해 주면서 썰물 때라서 자세하게 보이지 않는다고 했다. 그러니 '아! 썰물 때와 밀물 때가 다르게 보이는구나.'라며 나의 설명을 이해하는 것 같았다. 그래서 호기심이 많고 감성, 정서가 뚜렷한 사람들이라고 생각했다.

촛대바위는 지난번에 봤고, 책으로도 출판했으니 더 볼 것이 없어서, 서쪽 언덕의 '이사부 공원'으로 향했다. 해안에서 50m 정도 올라가니 전망대 비슷한 목조 건물이 있는데, 동해라서 그런지 섬도 없고 단조로워서 곧바로 내려왔다.

11시 20분경 묵호(동해시)에 도착하여 '논골 담길 벽화마을'로 올라갔다. 가파른 길을 150m 정도 오르니 남서쪽으로 묵호내항이 보인다. 1977년 가을부터 1979년 봄까지 무려 18개월간이나 구축함을 타면서, 출동 때 7일에 한 번씩 정박했던 묵호내항이다.

거의 40여 년 만에 정들었던 묵호내항을 보니 감개가 무량하다. 옛날처럼 쌍용양회 건물이 그대로 솟아 있고, 부두에 큰 시멘트 운반선이 정박해 있다. 구축함은 저 큰 상선 동쪽에 고목에 붙어 있는 매미처럼 붙어서 정박했었지. 그리고 상선의 중간에 있는 좁은 통로를 통하여 상륙하고, 1해역사 의무실에도 가고, 소주도 사오고 했었지.

'논골 담길 마을'을 지나 등대에 오르니 사방이 시원스레 확 트이고 시원한 바람이 세차게 불어서 두보의 詩 '등고(登高: 바람세고 하늘 높아……)'가 생각난다. 남서쪽 아래로 내항이 보이고 남동쪽 아래로 외항이 보인다. 외항 아래쪽으로는 남해, 서해의 섬 같은 해안선이 그림처럼 아름답게 펼쳐지는 절경(絶景)이다.

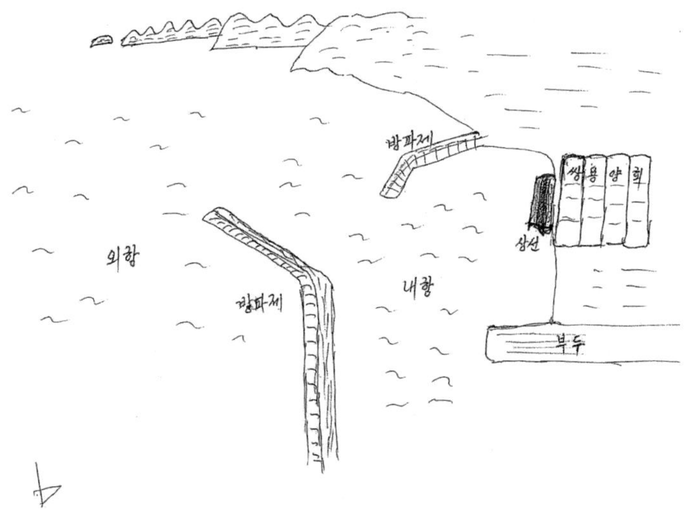

등대에서 동쪽으로 내려오니 길이 약 50m 정도인 구름다리가 나오는데, 사람들이 어린애들처럼 다리 위에서 출렁거리고 있다. 12시 30분경 해안도로 옆 식당에서 회정식으로 동해 맛기행 최후의 만찬을 하고, 오후 2시경에 귀갓길에 올랐다.

에필로그

작년 소록도, 금당도 여행 이후 1년 만에 여행을 했는데, 이번에도 새로운 곳을 보고, 듣고 느꼈던 수학(修學)여행이었던 것 같다.

먼저 소수 서원에서 옛날 우리 선비들의 학문하는 모습을 보고 많은 교훈을 얻었던 것 같다.

학당 이름인 직방제(直方齊), 일신제(日新齊), 학구제(學求齊), 지락제(至樂齊)처럼 날마다 새롭게, 즐겁게 공부하고, 수양을 잘하여, 일등 국가가 되고 우리의 염원인 홍익(弘益)을 실현했으면 한다.

'하회마을'에서는 웅장하고 아름다운 부용대를 자세히 보고 나름대로 스케치한 것이 보람인 것 같다. 축산항 아래 산마루에 20여 기의 풍력발전기가 힘차게 돌고 있는 모습도 인상적이었다. 빨리 풍력발전, 태양광발전 등 청정에너지에 집중 투자하여 미세먼지 등 대기오염으로부터 자유로운 '행복한 나라'가 되어야 할 것이다.

'백암온천'에서 새벽 산책길에 계곡의 맑은 물소리를 들으며 간단한 음악을 한 곡 작곡, 작사한 것도 보람인 것 같다. 백암온천에서 내려오는 길옆으로 오랫동안 펼쳐진 붉은 배롱나무 꽃 숲이 참으로 장관(壯觀)이었다. 이제 우리나라 방방곡곡에 선비의 꽃인 배롱나무꽃들이 가득한 것 같다.

빨리 우리의 '선비정신'이고 최상의 진리, 철학인 '공·맹(孔·孟)의 철학(仁·義·禮·智)'을 르네상스(부활)하여 홍익(弘益)을 실현하고 '인류의 행복'에 기여해야 할 것이다.

동·남해 기행

_2017년 8월 19일 토요일

지난 주말에 이어 이번에도 아내의 권유로 동·남해 맛 기행을 떠난다. 오전 5시 35분경에 집에서 출발하여 5221번 버스를 타고 6시 35분경에 서울역에 도착했다.

6시 55분경 올에이여행사 버스를 타고 서울역을 출발했다. 잠실, 신갈을 거쳐 8시 20분경 아침 식사를 했다.

팥밥, 배추김치, 연근, 동태조림 등 언제나처럼 웰빙 영양식이다. 이번에는 지난번 동백여행사와는 달리 28명이 여행을 하는지라 자리가 좀 남아서 편하게 여행할 것 같다.

올에이여행사가 생긴 지 3년 정도라고 하니 홍보가 덜 되어서 관광하는 회원 수가 적은 것 같다.

경부고속도로를 따라서 경주를 지나는데, 가이드가 다른 여행사와는 달리 유창하게 경주와 신라의 역사에 대해 설명한다.

'삼국유사'를 보고 설명하는 듯 박혁거세가 알에서 태어났고, 여섯 마을 촌장들이 그를 후에(13세 때) 왕(거서간)으로 추대했다고 한다. 또한, '삼국사기'를 보고 설명하는 듯 신라왕들의 행적(行跡)에 대해서도 유창하게 설명한다.

23대 법흥왕 때 이차돈의 순교로 불교가 널리 퍼졌다는 일 등을 자세히 설명한다. 또한, 51대 진성여왕이 불륜을 범하고 정치를 잘못하여 나라를 어지럽혔다고 한다. 또한 55대 경애왕이 포석정에서 잔치를 즐기다가 포악한 견훤에게 공격당하여 자결한 이야기 등을 자세히 설명한다. 또한 56대 경순왕이 후덕(厚德)한 왕건에게 나를 바치고 낙랑공주와 결혼한 이야기, 마의태자가 울면서 왕과 하직하고 금강산으로 들어가서 삼베옷을 입고 풀뿌리를 캐어 먹었다는 이야기 등을 거침없이 말하기도 했다.

또한, 궁예, 왕건, 견훤 등의 역사를 '본기(本紀: 역대 왕들의 재위 기간 중에 있었던 일을 연, 월, 일순으로 엮어 놓은 것)' 중심으로 기록한 '삼국사기'와 설화를 중심으로 기록한 '삼국유사'를 융합하여 설명하듯이 자세하고도 유창하게 설명한다.

아마 신생여행사라서 기존 거대 여행사들과의 경쟁에서 이기려고 공부를 많이 한 것 같았다. 아내가 가이드에게 다른 여행사보다 설명을 잘 한다고 하니, 다른 여행사와 올에이(all A) 여행사를 비교하면 안 된다고 큰소리를 치기도 한다.

12시 10분경 첫 번째 관광지인 울산 '십리 대나무 숲길'에 도착했다. 태화강변을 따라 약 20분간 대나무 숲길을 걸었다.

폭이 약 200m나 되는 듯한 태화강은 매우 깨끗이 잘 정돈되어 있는 것 같다.

아래쪽 맞은편에도 대나무 숲이 우거져 있고 사람들이 강변 도로로 자전거 트레킹을 하고 있다. 맞은편 대나무 숲 뒤로는 아름다운 산언덕이 숲을 이루고 있는 듯하고, 암석이 있는 언덕 위에 있는 정자가 운치를 더해주는 듯하다.

약 1km 정도 대나무 숲 강변길을 걷다가 왼쪽으로 돌아 나오니 꽃밭이 조성되어있다. 분홍 배롱나무꽃과 잎이 넓은 무궁화 꽃이 돋보이는데, 대나무 숲과 함께 '태화강공원'이라고 부르는 것 같다.

오래 전 고등학교 2학년 때 울산이 고향인 친구 이승우 군을 따라와서 봤던 태화강이 지금은 깨끗이 정비되고, 주변에 아름다운 공원이 조성되어서 친구를 생각하며 속으로 흐뭇하고 기쁘기도 했다.

오후 1시경 추어탕 정식으로 점심 식사를 했다.

경상도식 추어탕이라 맛이 맑고, 담백하고 시원하여서 좋다. 같이 나온 고등어조림, 가자미조림, 갈치구이 등이 일품(逸品)이다. 경사도식 배추물김치도 시원하여 추어탕과 참 잘 어울리고 김치, 나물(호박, 씀바귀 등) 등이 어우러져서 정말 웰빙 건강식이고 일품, 일미(一味) 식사였다.

식사 후 전공의 시절 선배가 근무하는 동강병원과 친구 집이 있었던 옥교동 근처 '학성공원'을 지나서 '울산대교' 옆을 지났다. '울산대교'는 1,800m의 높고, 길고, 아름다운 현수교인데 울산 12경 중 하나라고 한다. 태화강변 '대나무 숲길'과 '대왕암공원' 등이 울산 12경이라고 한다.

오후 2시 40분경 '대왕암공원'에 도착했다.

소나무(해송), 동백나무 들이 어우러진 시원한 숲길을 약 1km 정도 지나서 문무대왕비가 수장되었다는 대왕암에 도착했다. 기묘하게 생긴 여러 바위들을 지나 동쪽 끝 수장된 곳에 도착했다. 감포의 문무대왕처럼 왕비도 죽어서 용이 되어 신라를 지키기 위해서 이곳에 수장되었다고 한다. 높은 데서 수장된 곳을 내려다보니, 흡사 공룡 같은 바위 사이라서 너무나 신기했다.

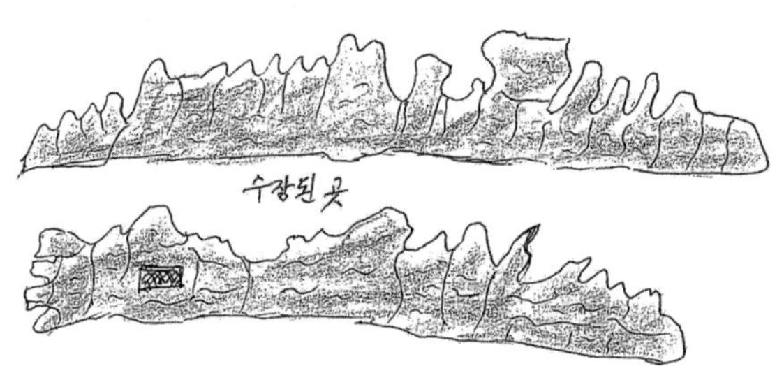

위쪽(먼 곳)은 식물성 먹이를 섭취하는 초식성 공룡, 아래쪽(가까운 곳)은 동물성 먹이를 먹는 육식성 공룡과 비슷한 것 같았다. 멀리 북쪽을 바라보니 현대중공업 공장이 보이고 끝에 풍력 발전기 한 대가 있는데, 고장 난 듯 돌지 않아서 좀 섭섭했다. 아래쪽 남쪽으로는 멀리 현대자동차를 운반하는 듯한 대형 상선들이 많이 정박해 있어서 터키의 보스포루스 해협이 생각나기도 한다.

오후 3시 55분경에 대왕암을 출발하여 5시 5분경에 '해동용궁사(海東龍宮寺)' 입구에 도착했다. 108 돌계단을 내려가니 바닷가에 해동용궁사가 있고 다시 20m 정도 돌계단을 올라가니, 큰 관음보살상이 연꽃 위에 서서 아래를 향하여 눈을 지그시 감고 있다. 미소를 머금고 눈을 지그시 감고 명상에 잠긴 듯하다.

대웅전 옆에 포대화상이라는 미륵불이 유머러스하게 웃고 있다. 포대를 메고 이 마을 저 마을로 다니면서 탁발 시주하여 중생들에게 나누어 주었다고 한다. 탁발 시주로 중생을 구제하는 것은 진정한 구제가 아닌데, 물질적인, 불심이 낮은 듯한 포대화상을 존경하는 이곳 용궁사는 정통 불교가 아니고 변칙 불교인 것 같다.

진정한 구제는 남에게 구걸(탁발) 하여서 남을 돕는 것이 아니라 스스로 남을 잘 살게, 행복하게 도와주는 것이다. 또한, 과거의 사람인 포대화상을 미래의 부처인 미륵불에 비유하는 것도 정통이 아니고 변칙인 것 같다.

미륵불 이야기가 나왔으니 '나무아미타불관세음보살'에 대해서 언급해 보자.

'나무'는 돌아가서 의지한다. 귀의한다는 뜻이라고 한다.

'아미타불'은 서방 극락 정토의 주인이 되는 부처, 극락세계를 관장하는 부처라고 한다.

'관세음보살'은 사람들의 고통을 자비로써 모두 거두어 가는 어머님 같은 보살이라고 한다.

그래서 사후 극락에 가고 싶으면 '나무아미타불'이라 기도하면 되고, 현생에서 복을 받고 싶다면 '나무관세음보살'이라고 기도하면 된다고 한다. 두 가지 다 원하면 '나무아미타불관세음보살'이라고 기도하면 된다.

이러한 사실을 가이드가 자세하게 설명해 주니 아내를 비롯하여 많은 사람들이 가이드에게 고마움을 표하는 것 같았다.

삼국유사에 의하면 '나무아미타불관세음보살'은 원효대사가 불교를 쉽게 홍보하여 확산하기 위해서 만든 법문이고, 이것이 지금까지 전승되었다고 했던 것 같다.

오후 6시경 해동용궁사를 출발하여 6시 30분경 송정에서 회정식으로 식사를 했다. 고등학교 1학년, 2학년 여름방학 때 친구들과 캠핑 왔던 곳인데, 약 50년 만에 오니 기억이 희미하다.

맞은편 관광객과 소주, 맥주를 마시느라 매운탕은 적당히 먹고 출발했다.

광안대교(7.4km), 부산대교, 남항대교를 거쳐 오후 9시경에 송도에 도착했다.

다음 날 오전 6시 50분경에 출발하여 대구지리탕으로 식사를 했다. 대구탕은 양이 많고 시원하여 참으로 별미라서 포식을 했다.

고등학교 1학년 여름방학 때 이곳 송도에서 보트를 탔고, 51년 만에 왔는데 별다른 흥미는 없는 것 같다. 송정과 마찬가지로 큰 특징이 없어서인 것 같다.

7시 35분경 거제도로 출발했다.

7시 51분경 을숙대교를 지나고 오른쪽에 방죽이 있다. 광안대교부터 거가대교까지 7개의 다리 길이가 52km라고 하며 총칭하여 '브릿지 오브 부산'이라고 한다. 8시 5분경 우측으로 부산 신항이 보이는데, 신항도 물동량이 많다고 한다. 그래서 아마 신공항이 필요했던 것 같다고 한다.

8시 10분경 거가대교 앞 '가덕태양파크'에 도착하여 휴식을 취하고, 8시 25분경 거가대교에 진입을 했다. 거가대교는 침례(지하) 터널로 3.7km, 사장교가 3.5km로 합해서 7.2km라고 한다. 8시 46분경 칠천도 근처 '맹종죽테마파크'에 도착했다.

우리나라 대나무는 4속 14종이 자생하고 수입종까지 54종이라고 한다. 맹종죽은 죽순을 식용으로 하는 대나무로 거제에서 85% 이상 생산된다고 한다. 조금 올라가니 '문학의 길'이 있고 유치환 선생의 '행복', 도종환 시인의 시 등이 있으나 특별한 곳은 아닌 듯하다.

10시 20분경 거제8경 중 하나인 '몽돌해안'에 도착했다. 작고 검게 반짝이는 몽돌이 있으나 특이한 곳은 아닌 것 같다. 11시경 또 거제8경 중 하나인 '바람의 언덕'에 도착했다. 소나무 숲, 수백 년 된 듯한 동백나무 숲길을 따라 내려가니 해안

언덕에 풍차가 있다.

바다가 산으로 둘러싸이고 섬도 없어서 썩 좋은 절경은 아닌 듯하다.

11시 30분경 바람의 언덕 입구 근처에서 게장정식으로 마지막 식사를 했다. 이번 여행 최후의 만찬답게 맛이 일품이었다. 게장이 오랫동안 잘 삭은 듯 간간하고, 존득쫀득, 졸깃쫄깃하고 감칠맛이 일품이었다. 큰새우장도 간간하고, 존득쫀득, 졸깃쫄깃한 맛이 일품이었다. 홍합과 끓인 미역국도 삼삼한 듯, 간간한 듯하고 감칠맛이 일품이었다. 볼락 튀김도 파삭파삭, 담백하고, 구수하고, 단단한 맛이 별미였다. 그 외 파래무침, 배추김치도 웰빙 건강식이었다.

12시 30분경 '바람의 언덕' 식당을 출발하면서 이번 여행은 막을 내렸다.

이번 여행은 문화가 거의 없어서 기행문 쓰기에는 좋지 않은 것 같다. 그러나 맛 기행 원조라는 올에이 여행사답게 맛은 거의 모두가 all A인 듯했다.

웰빙 건강식품으로 이루어진 우리의 훌륭한 음식 수준, 문화도 중요한 관광 문화이니, 울산, 부산, 거제도를 여행하는 사람들에게 조금이라도 도움이 되었으면 하는 마음에서 이렇게 기록해 본다.

남해 보리암, 여수 향일암, 금오도 여행

_2017년 10월 7일 토요일

오전 5시 45분경 집에서 출발하여 6시경 광역버스를 타고 경기대 후문을 둘러서 6시 50분경에 서울역에 도착했다.

동백여행사 관광버스를 탔는데 추석 연휴라서인지 버스 두 대로 80여 명이 여행한다고 한다. 가이드도 모자라서 한 명이 버스 두 대를 안내한다고 한다.

언제나 웰빙 건강식인 아침 식사를 버스 안에서 하고, 12시 15분경 삼천포대교를 통과했다. 삼천포대교를 통과하는 길 등은 우리나라 100대 아름다운 길 중의 하나라고 했는데, 과연 호수같이 잔잔한 에메랄드빛 바다와 주변의 아름다운 숲, 멀리 부드러운 곡선의 산들이 어우러져 참으로 절경이다.

다리 위아래로 죽방 어장들이 여러 개 있고, 다리 아래쪽에는 주위 바닷물이 약간 소용돌이를 치며 포말(포말: 물거품)

을 일으키고 있다. 곧이어 초양대교, 창선대교를 지나 한식 뷔페로 점심 식사를 했다. 특이하지는 않았지만 바닷가라서인지 갈치조림이 별미(別味)였다.

연휴라서 차가 너무 밀려 '원예 예술촌(독일마을)'은 생략하고 남해 '보리암'으로 향했다. 오후 3시경 보리암 입구에 도착하니 보리암 4.2km, 금산 정상 4.2km라고 표시되어 있다. 주차장에서 새마을버스를 타고 주로 삼나무가 우거진 숲속 급경사진 길을 10분 이상이나 올라갔다.

버스에서 내려 또 급경사진 산길을 10여분 이상 걸어가니 '보리암(菩提庵)'이 나타난다. '보리암'은 양양 '낙산사', 강화 '보문사', 여수 '향일암'과 함께 대표적 '해수관음성지'라고 한다.

관음 성지는 관세음보살이 상주하는 성스러운 곳이라고 한다. 보리암 서쪽으로 '살아 있는 채석강(바위 위에 자라는 아름다운 관목들이 풀들과 어우러진 아름다운 바위)'처럼 아름답고 큰 바위가 5개 정도 있는데, 아름다운 숲과 어우러져서 참으로 절경이다. 보리암에서 가장 가까운 바위는 노적봉이나 피어나는 연꽃처럼 아름다워서 '노적봉 바위' 또는 '연꽃 바위'라고 명명해 본다.

노적봉 바위, 연꽃 바위

보리암 아래로는 망망대해(茫茫大海)가 펼쳐지고 우리나라 자연 고유의 아름다운 곡선으로 이루어진 섬들이 물 위에 떠 있는 듯 아름답다. 마치 통영 미륵산에서 보는 남해 바다의 절경처럼 아름답다.

시간이 급하여 아쉬움을 남긴 채 오후 5시경 다음 관광지인 여수로 향했다.

남해도는 우리나라에서 네 번째로 큰 섬이라고 하는데, 한참이나 달린 후에 남해대교를 지나 하동 지역으로 진입했다. 오후 6시 19분경 '이순신대교'를 지나고 여수시로 진입했다. 이순신대교는 길이가 2km 이상인 큰 다리인데 가이드가 자세히 설명을 하지 않는 듯하다.

여수는 2012년 엑스포 이후 미항으로 부각되어서 인구가 증가하고 있다고 한다. 미항인 통영을 능가할 정도이고 인구도 35만 명 정도라고 한다. 묘도에서 '제2돌산대교'를 지나니 여수시라고 한다.

오후 7시경 '거북선대교'를 지나서 케이블카장 입구에서 내렸다. 약 200m의 가파른 언덕길을 힘들게 올라간 후, 케이블카를 타고 여수 밤바다 야경을 관광했다. 밤바다와 여수시의 야경이 아름답기는 하지만, 인위적, 인공적으로 조성된 경치라서 별다른 감동은 없었다.

저녁 식사는 자유 식으로, 가이드 권유대로 전어 등 생선회를 먹는 사람이 많은 것 같았다. 그러나 아내의 반대로 게장정식을 먹었는데 특별한 맛은 아닌 듯했다.

다음 날 오전 6시경에 모텔을 출발하여 '향일암'으로 향했다. 중간에 아침 식사를 또 게장정식으로 먹고 7시 40분경 향일암 입구 주차장에 도착했다. 어제 보리암에서처럼 가파른 산길을 한참이나 힘들게 걸어서 올라간 후, 8시 9분경에 향일암 '관음전(觀音殿)'에 도착했다.

향일암 올라오는 입구에 남해 제일 관음 성지 향일암이라고 쓰여 있었다. 1,300년 전 선덕여왕 8년(659년), 원효대사가 기도 중 관음보살을 친견하고, 원통암이라는 이름으로 창건했다고 한다. '한국해수관음성지'는 여수 '향일암', 남해 '보리암', 강화 '보문사', '낙산사 홍련함'이라고 한다.

'향일암'에서 아래로 바라본 풍광은 섬들이 별로 없어서 보리암에서 바라본 풍광보다는 좀 단조로웠다. 그래도 동남쪽으로 멀리 아득하게 섬들이 줄을 이어 펼쳐지는 절경을 이루고 있었다.

향일암에서 금오도로 가기 위하여 선착장으로 가는 길 산마루에 풍력발전기 3대가 돌고 있었다. 가까이에서 보니 참으로 웅장했다. 기둥 높이가 100m, 날개 길이가 50m라고 했는데, 실제로 확인을 하니 감개무량(感慨無量)하였다. 빨리 전국으로 확산되어 태양광발전과 더불어 청정에너지를 자립하고 악마의 눈물, 악마의 가루인 화석에너지를 제거해야 할 것이다!

돌산도 신기항에서 10시경 금오도로 출발했다. 카페리호가 시속 15노트 정도로 나아가는데, 10시 8분경 왼쪽, 동쪽으로 돌산도가 아름답게 펼쳐지고 산마루에 풍력발전기 2기가 큰 바람개비처럼 보인다.

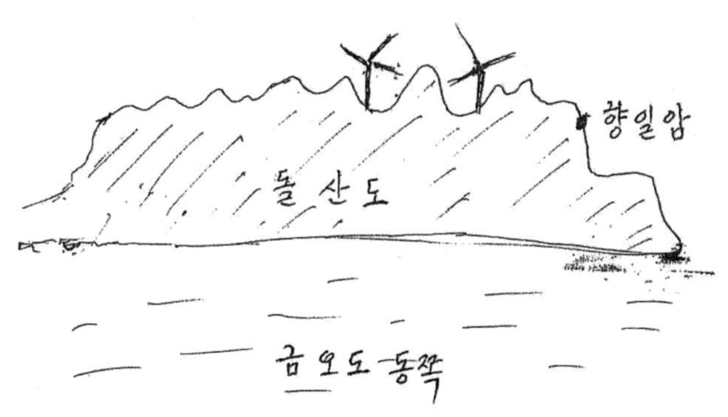

10시 25분경 금오도에 도착하여 함께 온 관광버스를 타고 '비렁길'로 향했다. 버스가 섬 동쪽 산 속을 달리는데 오른쪽, 동쪽으로 떠 있는 섬과 어우러진 바다 풍광이 참으로 절경이다. 10분 정도 달린 후 섬의 북쪽 근처 마을에 내렸는데, 여기서부터 '비렁길'이 시작되는 것 같았다.

버스에서처럼 떠 있는 듯한 섬들과 어우러진 아름다운 바다 경치를 감상하며 5분쯤 산 속 숲길을 걸으니, 대나무 숲이 나타났다. 왼쪽으로 올라가는데 '오르막길'이라는 '비렁길'답게 경사가 너무 심하여 쉬면서 천천히 올라가야 했다.

북쪽 산마루를 지나 섬의 서쪽 산 언덕길을 통해서 남쪽으로 내려가기 시작했다. 중간쯤 오니 보리암, 향일암에서 바라본 절경처럼 하늘과 섬들이 물 위에 떠 있는 듯, 또 다른 절경이 펼쳐진다.

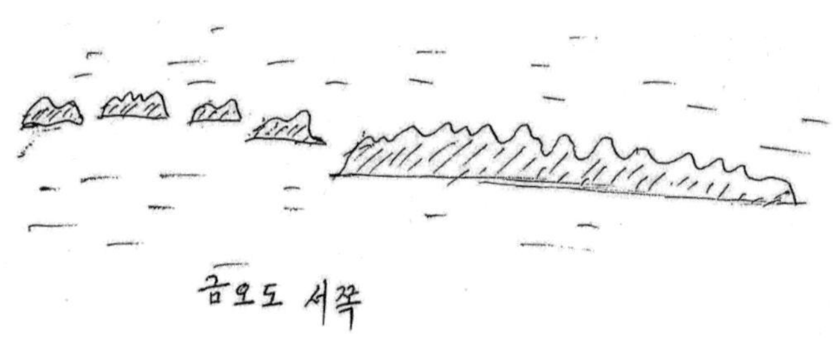

시간이 급하여 대충 보면서 모이는 장소로 왔다.

금오도 선착장에서 오후 1시경 출발하여 1시 30분경에 돌산도 신기항에 도착했다. 오후 2시경에 돌산도에서 마지막 점심식사를 했다. 여기도 게장정식인데 조기 매운탕, 게장, 멸치젓, 고등어조림 등 좀 짜지만 맛있는 웰빙(참살이) 건강식이었다.

에필로그

오랫동안 꿈에 그리던 보리암, 향일암을 텔레비전으로만 가끔 보다가 늦게나마 보고 나니, 참으로 감개무량(感慨無量)했다. 그러나 연휴라서 관광객이 너무 많아 차가 막히고 시간이 지연되어, 자세하게 관광할 수가 없어서 좀 유감이었다.

그리고 너무나 절경인 남해 바다의 풍광을 필설로 표현하기가 어려워서 스케치로 보충했다. 특히 우리나라 4대 관음 성지 중 두 곳을 한 번에 봤으니 큰 보람인 것 같았다.

금오도는 기대도 하지 않았는데, 대충 봐도 '비렁길', 해안풍광 등 절경을 간직한 아름다운 섬인 것 같았다. 우리나라는 삼천리금수강산(錦繡江山)으로 어느 곳이나 경치가 아름답지만, 특히 남해안이 절경이다.

곡선의 부드러운 능선들로 이루어진 섬과 산등성이들, 굴곡이 심한 리아스식 해안으로 호수처럼 잔잔한 바다 등이 어우러져서 세계 최고의 절경을 이루고 있다. 그래서 남해안의 경치는 어느 곳이나 필설로 비교할 수 없을 정도인데, 이번 여행에서 봤던 또 다른 보람은 돌산도 산마루에서 돌고 있는 3기의 풍력발전기였다.

지난번 동해안 여행 때처럼 돌산도에도 풍력발전기가 계속 돌고 있어서 참으로 인상적이었다. 하루빨리 풍력발전기, 태양광발전 등이 우리나라 전체로 확산하여, 화석 연료인 석유, 석탄을 몰아내고 미세먼지 등 대기오염으로부터 자유로웠으면 하고 간절히 기도해 본다.

제2부

詩와 음악

성가(聖歌)

1

우리는 거울처럼 맑은 사람들
해맑은 달을 보노라
청아한 노래 소리 불러보면서
즐거운 미소 속에 기뻐하노라
꽃구름 피어 오른 청천(靑天) 하늘에
행복의 빛이 나리고
희망의 푸른 하늘 바라보면서
*로고스 하느님과 함께하리라

2

흰 구름 피어오른 푸른 하늘에
감로수 단비 나리고
아련히 반짝이는 푸른 바다에
희망의 푸른 뜻이 서로 만나네
꽃구름 피어오른 청천 하늘에
기쁨의 꽃비 나리고
우리는 은하수를 건너 가면서
로고스 하느님과 함께하리라

3

조화와 아름다움 넘치는 나라
*예술이 가득한 나라
인의(仁義)와 예지신(禮智信)의 우리나라는
홍익(弘益)을 실현하고 영원하리라
예술이 피어오른 청천 하늘에
행복의 바람이 불고
*오상의 깊은 뜻을 다짐하면서
로고스 하느님과 함께하리라

4

사랑이 넘쳐나는 하늘 속에서
희망을 소원해 보네
행복이 넘쳐나는 우리나라는
홍익을 실현하고 영원하리라
꽃구름 피어오른 청천하늘에
행복의 빛이 나리고
희망의 푸른 하늘 바라보면서
로고스 하느님과 함께하리라

〈해설〉

*이름 모르는 찬송가를 듣고 변주, 작곡, 작사함.

*로고스(logos): 만물을 다스리는 과정의 법칙. 예지(叡智), 이성(理性)

*1, 3, 4는 평소에 부르고 2는 조사 때 부를 것

*예술: 아름답고(美), 깊이 있고(深) 조화롭고(調和), 희망적(希望)

*오상(五常)의 덕(德): 인(仁) 의(義) 예(禮) 지(智) 신(信)

하늘의 길, 영원한 길

산 아래 여러 가지 길이 있습니다
넓고 큰길도 있고
좁고 작은 길도 있습니다
또한 아름다운 길도 있고 험난한 길도 있습니다
나는 우선 사람들이 많이 다니는
넓고 아름다운 길로 올랐습니다
앞만 보고 열심히 오르다가
돌부리에 걸려서 수없이 넘어지기도 했습니다
또한 아름다운 경치에 한눈을 팔다가
수없이 뒤처지기도 했습니다
오랜 세월이 지나 산봉우리에 오르니
너무나 낮아서 실망했습니다

더 높은 봉우리로 오르기 위하여
좁고 험난한 길로 다시 올랐습니다
높은 산으로 향하는 길은
사람들이 거의 다니지 않는 길이었습니다
보일 듯 말 듯 희미한 길이고
험난한 가시밭길이었습니다
수없이 넘어지고 수없이 다친 후에

구름 위의 높은 산봉우리에 오르니
*하늘의 길이 보였습니다.
하늘의 길은 *도덕(道德)의 길이고
진리의 길, *통찰(洞察)의 길입니다

새로운 문화를 창출하여
인류의 행복을 실현하는 길입니다
또한 군자(君子)의 길 선비(士)의 길
대장부(大丈夫)의 길이고 지성인(知性人)의 길입니다
그리고
*좋은 이름을 빛내고 영원히 사는 길입니다

〈해설〉

*하늘의 길: 천도(天道)

*통찰(洞察): 온통 밝혀서 살핌

*도덕: 仁·義·禮·智·信

*효경(孝經): 효의 마지막은 좋은 이름을 남겨서 부모의 이름을 빛내는 것

사계절의 노래

1. 즐거운 봄노래(賞春歌)

이 강산에 봄이 왔네 산으로 들로 가자
강물 따라 세월 따라 즐겁게 살아가리
복사꽃 핀 무릉도원 행복한 우리나라
우리 모두 한 맘으로 홍익을 실현하리

2. 즐거운 여름노래(賞夏歌)

아름다운 여름이네 바다로 들로 가자
냇물 따라 바람 따라 기쁘게 살아가리
청청산천(淸靑山川) 한려수도 절경의 우리나라
우리 모두 단결하여 홍익을 실현하리

3. 즐거운 가을노래(賞秋歌)

시원스런 가을이네 산으로 들로 가자
강물 따라 세월 따라 열심히 살아가리
울긋불긋 금수강산 복 받은 우리나라
우리 모두 화합하여 홍익을 실현하리

4. 즐거운 겨울노래(賞冬歌)

은빛 세상 겨울이네 산으로 들로 가자

바람 따라 세월 따라 보람것 살아가리

*반짝이는 흰 꽃구름 하늘로 피어나고

하늘의 뜻 *도덕(道德)으로 홍익을 실현하리

〈해설〉

*나뭇가지에 걸린 눈꽃송이가 하늘의 구름 같고.

*도덕: 五常(仁·義·禮·智·信)

조금 느리게
고음으로 박력있게
밝고 아름답게

솔 도 미 솔 솔 라 솔 미 솔 파 미 미 미 도 레
이 강 산 에 봄 이 왔 네 산 으 로 들 로 가 자

솔 도 미 솔 솔 라 솔 미 솔 파 파 파 미 레 도
강 물 따 라 세 월 따 라 즐 겁 게 살 아 가 리

라 라 라 라 솔 솔 파 미 라 솔 파 미 미 도 레
복 사 꽃 핀 무 릉 도 원 행 복 한 우 리 나 라

솔 도 미 솔 솔 라 솔 미 솔 파 파 파 미 레 도
우 리 모 두 한 맘 으 로 홍 익 을 실 현 하 리

아름다운 우리나라

아름다운 우리나라 언제나 불러도 정다운 님
아름다운 우리나라 기쁨이 넘치는 우리나라
방방곡곡 금수강산 기쁨이 넘치는 우리나라
조화로운 우리 문화 희망이 넘치는 우리나라
아름다운 우리나라 문화가 문치는 우리나라
아름다운 우리나라 행복이 넘치는 우리나라

〈해설〉

*쇼팽 피아노 협주곡 1번 3악장 주제곡이 너무나 아름다워서 편곡, 작곡하고 작사함.

보통 빠르기로
아름답고 기쁘게

아름다운 우리 민나

아름다운 우리 민나
언제나 해맑은 우리 민나
아름다운 우리 민나
언제나 명랑한 우리 민나

밤하늘에 반짝이는
별처럼 빛나는 우리 민나
영롱하게 반짝이는
옥처럼 빛나는 우리 민나

아름다운 우리 민나
희망이 넘치는 우리 민나
아름다운 우리 민나
언제나 행복한 우리 민나

〈해설〉

총명하고 아름다운 큰 여식을 노래함

솔솔도미 레레시솔 라솔파파미레 도도시레
아름다운 우리나라 언제나불러도 정다운님
아름다운 우리민나 언제나해맑은 우리민나
솔솔도미 레레시솔 솔파파파미레 레도시도
아름다운 우리나라 기쁨이넘치는 우리나라
아름다운 우리민나 언제나명랑한 우리민나
라라라라 솔솔파미 라솔파파미레 도도시레
방방곡곡 금수강산 기쁨이넘치는 우리나라
밤하늘에 반짝이는 별처럼빛나는 우리민나
라라라라 솔솔파미 라솔파파미레 레도시도
조화로운 우리문화 희망이넘치는 우리나라
영롱하게 반짝이는 옥처럼빛나는 우리민나
솔솔도미 레레시솔 라솔파파미레 도도시레
아름다운 우리나라 문화가넘치는 우리나라
아름다운 우리민나 희망이넘치는 우리민나
솔솔도미 레레시솔 라솔솔솔파미 파미레도
아름다운 우리나라 행복이넘치는 우리나라
아름다운 우리민나 언제나행복한 우리민나

봄노래

따뜻하고 포근하고 밝고 맑은 어느 봄날 오후에 집을 나서니 개천에 시냇물이 흐르고 있었다.

얼음이 녹은 시냇물은 샘물처럼 졸졸졸 흐르기도 하고, 수량이 많은 곳에서는 출렁출렁 소리 내며 흐르는 것처럼 보인다.

수원 화성 장안문 옆 '방화수류정'에는 수양버드나무 잎새 줄기들이 휘휘 늘어져서 연못으로 드리우고 있다.

근처 작은 숲속 정자 옆 마당에는 겨우내 움츠렸던 작은 새들이 맑고 시원하게 노래한다.

서쪽으로 멀리 바라보면, 팔달산 봉우리 '서장대' 아래에는 벚꽃들이 휘황찬란하게 빛나고 있다.

화성 행궁의 매화꽃 무리는 하늘하늘, 뭉게뭉게, 아스라이 푸른 하늘로 피어올라서 흰 구름이 되는 것 같다.

수원 영통 독침산 허리에는 개나리꽃들이 방글방글, 방긋방긋 천진난만하게 웃으면서 줄기를 수양버드나무처럼 아래로 늘어뜨리고 있다.

산 아래 길옆에는 곱게 빛나는 모란꽃이 우아하게 피어 있다.

산언덕에는 진달래꽃이 맑고 청초하고 산뜻하게 피어있다. 나무들의 새싹들은 햇빛에 반사되어 밝고 금빛 찬란하게 빛나고 있다.

파릇파릇하게 돋아나는 잔디 위에 아지랑이가 아른거리고, 생기발랄한 청춘남녀들이 노래하고 춤추는 봄이다.

봄에 피는 매화는 사군자(四君子)의 으뜸으로 청렴, 지조, 절개, 의리 등 군자의 德을 상징한다.

또한 옛날의 군자는 학문과 德을 겸비한 사람으로서 선비(士: 學德을 겸비하고 예술을 아는 멋진 사람)나 현대의 지성인에 해당한다.

군자의 德인 오상(五常: 仁·義·禮·智·信)은 하늘의 길(天道)이며 도덕(道德)인데, 이 도덕이 나라를 발전시키고 우리의 염원인 홍익(弘益)을 실현시킨다.

그래서 도덕이 있는 하늘을 바라보면 희망에 벅차서 마음은 항상 봄이고 청춘이 된다.

인류를 행복하게 한다는 성현들이 탄생한 지가 2천여 년이 지났는데도, 세상을 왜 이렇게도 어지럽고 혼란스러운가?

또한 아름다운 자연인 금수강산과 차원 높은 유(儒), 불(佛), 선(仙)의 문화를 간직한 우리나라도 왜 이렇게 어지럽고 혼란스러운가?

그래서 최상의 진리인 군자(君子)의 덕(德)인 공·맹의 德(仁·義·禮·智)으로 어지럽고 혼란스러운 이 세상이 평안해지기를 바라면서 오늘도 즐거운 '봄노래'를 불러 본다.

봄노래

1

졸졸거리는 샘물에서 봄이 흐르고
출렁거리는 냇물에서 봄이 흐르네
휘휘 늘어진 버들잎에 봄이 흐르고
맑고 시원한 새 소리에 봄이 흐르네

*군자(君子)의 향기 품은 매화꽃 구름
하늘하늘 푸른 하늘로 피어오르고
*희망의 푸른 하늘 바라다보면
내 마음은 언제나 봄이고 *1청춘이어라

2

방글방글한 개나리에 봄이 흐르고
곱게 빛나는 모란꽃에 봄이 흐르네
맑고 청초한 진달래에 봄이 흐르고
밝게 빛나는 새싹에도 봄이 흐르네

*선비의 향기 품은 매화꽃 구름
뭉게뭉게 푸른 하늘로 피어오르고
*환상(幻想)의 푸른 하늘 바라다보면

내 마음은 언제나 봄이고 청춘이어라

3
파릇파릇한 잔디 위에 봄이 흐르고
아른거리는 아지랑이 봄이 흐르네
휘황찬란한 벚꽃에서 봄이 흐르고
생기발랄한 *2 청춘에도 봄이 흐르네

*지성(知性)의 향기 품은 매화꽃 구름
아스라이 푸른 하늘로 피어오르고
*낭만(浪漫)의 푸른 하늘 바라다보면
내 마음은 언제나 봄이고 청춘이어라

4
10대의 우리 삶은 '청운(青雲)'의 청춘이었고
20대의 우리 삶은 '사랑'의 청춘이었지
30대의 우리 삶은 '야망(野望)'의 청춘이었고
40대의 우리 삶은 '수학(修學)'의 청춘이었지
50대의 우리 삶은 *'지천명(知天命)'의 청춘이었고
60대의 우리 삶은 '홍익(弘益)의 청춘이었지
70대의 우리 삶은 '결실'의 청춘일 것이고
80대의 우리 삶은 '자기실현'의 청춘이겠지
그리고

90대의 청춘이 있다면

아마도

'행복'의 청춘이겠지!

〈해설〉

*희망, 환상, 낭만은 비슷한 개념

*군자, 선비, 지성인도 비슷한 개념(學德을 겸비하고 예술을 아는 멋진 사람이 선비이고 군자이며 지성인)

*청춘(靑春)1, 사무엘 울만의 詩 '청춘': 나이에 관계없이 희망, 용기, 열정 등이 있으면 언제나 청춘이다.

*청춘(靑春)2, 젊은 나이, 인생의 봄

*논어, 위정편, 공자께서 말씀하시기를

15세에 학문에 뜻을 두었고(志學)

30세에 뜻이 섰고(而立)

40세에 망설이지 않게 되었고(不惑)

50세에 하늘의 명을 알았고((知天命)

60세에 남의 말이 귀에 순하여 거슬리지 않게 되었고(耳順)

70세에 마음 내키는 대로 법도에 어긋남이 없었노라.

(從心所慾不踰矩:종심소욕불유구)

조금 느리게
우아하고 밝고 아름답게

강남의 달밤

은하수 위에 걸린 쪽배는
흘러 흘러 어디로 가는가
지혜로운 토끼가 쪽배를 몰고
희망의 나라로 가겠지

우리도 토끼처럼 쪽배를 타고
희망의 나라
행복의 나라
남명(南冥)으로 가야지!

〈해설〉

*남명(南冥): 남쪽 바다

장자(莊者) 소요유(逍遙遊)에 나오는 이상향(理想鄕)인 천지(天池)

*은하수처럼 반짝이는 강남의 불빛 위에 초승달이 쪽배처럼 떠 있고, 달에 있는 지혜로운 토끼가 쪽배를 몰로 희망의 나라로 가는 모습을 상상함.

*지혜로운 우리도 열심히 공부하고 일하여, 우리의 염원인 홍익(弘益), 이상향(南冥)을 실현하자는 뜻.

*남명(南冥)은 조선 시대 유명한 선비, 유학자인 조식 선생의 아호이기도 함. 그래서 조식 선생이 실현하고자 했던 이상향인 남명(이상향인 天池)을 우리가 실현하고자 하는 뜻도 포함됨.

꽃게탕

풍진의 삶에 찌든 어느 날 밤
꽃게탕과 함께 *막맥주를 마시네
담백하고 구수하고 *존득쫀득
*졸깃쫄깃한 맛이 혀에 감돌고
*삼삼하고도 *간간한 맛이
입안에 가득하네

한 입 듬뿍 들이켜니
매콤하고 향긋하고
*감칠맛 싱그러움에
답답한 가슴이 확 트이네
감로수처럼 *담달하고, 심연(深淵)처럼 깊고
무지개처럼 조화롭고 *웰빙 희망을 주는
*예술적이고 *환상적인 그 맛이여!

〈해설〉

*막맥주: 막걸리와 맥주를 혼합한 술, 감로수처럼 달고도 시원한 술

*존득쫀득: 존득거리다의 센말이 쫀득거리다로 존득과 쫀득은 같은 뜻

*졸깃쫄깃: 졸깃쫄깃도 존득쫀득과 마찬가지

*삼삼한: 짜지 않은 듯하면서 맛이 있는

*간간한: 약간 짠 듯하면서 맛있는

*감칠맛: 입에 착착 달라붙어서 계속 먹고 싶은 맛, 글루탐산(glutamic acid) 맛

*담달한 맛: 담백하고 달달한 맛

*웰빙: 참살이

*예술적: 아름답고, 깊이 있고, 조화롭고, 희망적

*예술적인 맛: 맛이 좋고 깊은 맛, 조화로운 다양한 맛, 건강의 희망을 주는 맛

*환상적인 맛: 현실의 맛을 초월한 꿈속의 맛, 천상의 황홀한 맛

*전체적으로 말하면, 꽃게탕처럼 여러 가지로 맛있고, 예술적이고, 환상적인 보람찬 삶(人生)을 살자는 뜻.

삶(人生)

강물은 흐른다
나도 흐른다
흘러흘러 어디로 가는가
바다로 흘러가서
하늘로 *승화해야지!
그리고
하늘의 뜻인 *德을 깨닫고
*'인류의 행복'을 실현해야지!

〈해설〉

*승화(sublimation): ① 고체가 기체로 바뀌는 것
② 문화적, 예술적 수준 높은 일로 바뀌는 것

*덕(德): 도(道), 천도(天道, 하늘의 길), 대도(大道, 큰길), 정도(正道, 올바른 길)와 공·맹의 덕(孔孟의 德)인 仁·義·禮·智는 모두 같은, 비슷한 뜻

*인류의 행복"홍익(弘益), Utopia, Shangri-la, 무릉도원(武陵桃源), 아나타(雅那妥: 행복한 나라) 등.

백암산

아름다운 백암산은 어둠에 젖어

산들바람 옥물 소리 맑은 머리에

천하제일 온천수로 풍진 때 씻고

몸도 건강 마음 건강 노래하리라

아나타(雅那妥)

고운 님 우리나라 저 멀리 사라지고
허무한 마음속에 슬픔만 쌓이누나
구만리 하늘에 우리 님은
언제나 나에게 다가오나
희망의 우리 님 기다리니
기쁨의 눈물이 흐르누나

하늘 뜻 도덕(道德)으로 열심히 공부하면
사라진 우리나라 또다시 오시겠지
구만리 하늘에 우리 님은
언제나 나에게 다가 오나
희망의 우리 님 기다리니
기쁨의 눈물이 흘러내리네.

〈해설〉

*아나타(雅那妥): 우아하고 행복한 나라, 이상향

*우리나라, 우리 님, 고운님, (우리)도덕, 우리 정신, 우리 문화는 최상의 진리, 철학, 인문학의 핵심인 우리 성리학(性理學, 仁·義·禮·智)을 뜻함

*저차원의 서양 변증법적 문화, 물질문명으로 인하여 사라지고 있

는 우리 최상의 문화(유고, 성리학 문화)를 르네상스(부활, 재생)하여 우리의 염원인 弘益을 실현하고, 세계 문화의 중심지가 되어 '행복한 나라(아나타)'로 발전하자는 뜻

약간 느리게
슬픈듯하면섣도 즐겁고 아름답게
우아하고, 신비롭고, 환상적,
낭만적으로
(*낭만적: 자유롭고 창의적)

① 솔 라 도 미 솔 라 솔 미 솔 미 도 라 솔 솔
고 운 님 우 리 나 라 저 너 머 사 라 지 고

② 솔 라 도 미 솔 라 솔 미 솔 미 도 라 도 도
허 무 한 마 음 속 에 슬 픔 반 가 늑 하 네

솔 솔 솔 미 도 도 레 도 라 솔 솔 라 도 미 솔 라 솔 미 도 레
구 만 리 하 늘 에 우 리 님 은 언 제 나 나 에 게 다 가 오 나

솔 솔 솔 미 도 도 레 도 라 라 솔 라 도 미 솔 라 솔 미 레 도
희 망 의 우 리 님 기 다 리 니 기 쁨 의 눈 물 이 흐 르 누 나

솔 라 도 미 솔 라 솔 미 솔 미 도 라 솔 솔
하 늘 의 도 덕 으 로 언 제 나 공 부 하 면

솔 라 도 미 솔 라 솔 미 솔 미 도 라 도 도
사 라 진 우 리 나 라 되 돌 아 오 시 겠 지

솔 솔 솔 미 도 도 레 도 라 솔 솔 라 도 미 솔 라 솔 미 도 레
구 만 리 하 늘 에 우 리 님 은 언 제 나 나 에 게 다 가 오 나
솔 솔 솔 미 도 도 레 도 라 라 솔 라 도 미 솔 도 솔 미 레 도
희 망 의 우 리 님 기 다 리 니 기 쁨 의 눈 물 이 흐 르 누 나
① ② 피아노 반주
솔 솔 솔 미 도 도 레 도 라 라 솔 라 도 미 솔 라 솔 미 도 레
구 만 리 하 늘 에 우 리 님 은 언 제 나 나 에 게 돌 아 오 나
솔 솔 솔 미 도 도 레 도 라 솔 솔 라 도 레 미 솔 라 도 솔 미 레 솔 라 도
희 망 의 우 리 님 기 다 리 니 기 쁨 으 의 눈 무 울 이 흘 러 내 리 인 다

나의 사계절

1월은 新冬으로 한해가 시작되는 새로운 겨울
2월은 希冬으로 새로운 계획을 실현하는 희망의 겨울
3월은 新春으로 매화 등 사군자의 德을 다짐하는 새로운 봄
4월은 華春으로 갖가지 꽃들이 빛나는 화려한 봄
5월은 綠春으로 꽃보다 아름다운 신록이 빛나는 봄
6월은 綠夏로 풍성하고 아름다운 신록의 여름
7월은 凉夏로 시원한 어름(여름)의 계절
8월은 凉秋로 시원한 가을을 바라보는 어름의 계절
9월은 佳秋로 아름답고 살기 좋은 가을
10월은 華秋로 단풍 꽃이 빛나는 화려한 가을
11월은 麗秋로 단풍 꽃이 곱게 빛나는 아름다운 가을
12월은 華冬으로 눈꽃이 화려하게 빛나는 겨울

〈해설〉

사람들이 생각(理性)에 따라서 삶의 세월은 강물처럼 천천히 흐리기도 하고, 주마등처럼 빨리 가기도 하고, 화살처럼 재빨리 날아가기도 한다.

이처럼 빨리 흐르는 세월을 천천히 흐르게 하고, 세월을 연장하여 진정한 삶을 오래 사는 방법은, 새로운 좋은 일들을 많이 만들고 글로 써 남기는 것이다.

사실 우리에게 주어진 세월은 장구(長久)한 것인데, 대부분의 사람들은 귀중한 세월, 시간을 잘 활용하지 못하여 빨리 흘러가게 한다고 했다.

주어진 시간을 잘 활용하는 방법은 사람의 가치관에 따라서 다르겠지만, 날마다 새로운 글을 일기로 써서 남기는 것이라고 생각한다. 그래서 나는 오래전부터 생각하기에 따라서는 길고도 짧은 1년을 연장하기 위하여, 1개월 단위로 대별(大別)하고, 1개월을 다시 3부분(상, 중, 하)으로 분류하고 날마다 일기를 쓰면서 나름대로 보람 있게 살고 있다(예: 2017년 1월 1일은 新冬, 上. 2017년 1월 11일은 新冬, 中. 2017년 1월 21일은 新冬, 下로 분류).

그리고 하루를 10일 같이, 한 달을 1년 같이, 1년을 10년 같이, 10년을 백 년 같이, 20년을 천 년, 이천 년 같이 살려고 노력하고 있다.

제3부

소설과 詩

심사평

사랑의 슬픔이 사랑의 기쁨이 되기까지

『사랑의 슬픔, 그리고 기쁨』은 현직 의사이자 시인인 우무영이 진솔하고 담백한 필치로 써내려 간 단편 자전소설이자 청춘의 비망록이라고 볼 수 있다. 젊은 날을 회고하는 내용의 소설치고 그 어느 작품도, 이성과 나눈 애틋했던 사랑의 경험과 불확실한 미래에 대한 번민이라는 제재를 피해갈 수 없으리라 생각한다. 이러한 필연성을 충실히 따르는 작품임에도 진부함이 느껴지지 않는 것은, 솜씨 있는 이야기꾼으로서의 필자의 역량이 발휘되었기 때문일 것이다.

작품의 1부 '사랑의 슬픔'에서는 의과대학 시절 차례대로 인연을 맺은 두 여인과 곡절 끝에 결국 사랑의 결실을 이루지 못하고 덧없이 떠나보낸 이야기를, 2부 '사랑의 기쁨'에서는 내과 전공의 시험에 합격한 후 만난 여인과 고운 사랑을 나누고 마침내 화촉을 맺은 해피엔딩을 그려놓았다.

아프지만 짜릿한 사랑의 여정을 1, 2부로 나누어 구성하여 읽는 재미를 배가시켰고, 특히 청춘의 여인들의 아름다운 자태에 관한 세밀하고도 섬세한 묘사는 마치 한 편의 생생한 로맨스 영화를 보는 것 같은 즐거움을 느끼게 했다. 그런 가운데에도 간과되지 않는 것은, 무엇보다 한 사람의 의사로 태어나기까지의 장구하고 험난한 과정이다. 이는 작품 전체의 기둥이 되어주는 동시에, 필자가 강조하고자 하는 가장 중요한 주제인 박애(博愛:크고 넓은 사랑)로 자연스럽게 연결되고 있다. 나아가 공·맹(孔·孟)의 덕(德)인, 인·의·예·지(仁·義·禮·智)가 진정한 박애이며 인류를 행복하게 하는 유일한 방안임을 깨닫고, 이러한 성리학의 덕목을 활용한 인문학을 창출하고 저술하고자 노력하고 있음을 밝혔다.

이 자전소설의 결론은 인류의 행복에 공헌하는 '보다 큰 의술'을 베푸는 의사로 살아가고자 하는 목표인데, 이야말로 여느 청춘 회고담들과 가장 뚜렷하게 차별화되는 대목이라 하겠다. 등단을 축하드리며, 그 구도적이고 심원(深遠)한 포부를 일생에 걸쳐 실현시켜나갈 수 있기를 기원한다.

-심사위원 임지인 소설가

당선 소감

봄의 전령사인 따뜻한 바람, 화창한 날씨와 함께 당선 소식을 받으니 포근하기가 그지없는 마음이다.

마치 응모작인 소설의 혹독한 겨울 같은 '사랑의 슬픔' 속에서, 봄처럼 따뜻한 '사랑의 기쁨'으로 전환된 기분이다.

사실 본인이 소설을 쓰게 된 계기, 동기는 1986년경 행정대학원에서 '사회과학 방법론'을 공부하면서부터였다.

그 당시 토마스 모어의 '유토피아'를 감명 깊게 읽고 독후감을 작성하면서, 나도 열심히 공부하여 유토피아처럼 훌륭한 소설을 써야겠다고 각오했던 것이다.

그래서 오랫동안의 각고(刻苦)한 노력 끝에 2010년, '유토피아'처럼 세상을 행복하게 하는 미래 소설인 '한정(一, 正, 大 정신)'을 저술했으나, 불행히도 이해하는 사람이 드물었다.

다시 말하면 가장 인문학적 소설인 '유토피아'를 이해하지 못하는 사람들이 많듯이, 최상의 철학인 '공·맹(孔·孟)의 철학'을 활용하여 인문학(행복학)적으로 쓴 '한정'을 이해하는 사람이 드물었다는 뜻이다.

그래서 이번 기회에 유토피아처럼 딱딱하지 않고, 좀 부드럽고, 아름다운 소설을 써서 본인의 야심작인 '한정(새로운 유토피아)'을 이해하는데, 도움이 되고자 하여 응모하게 되었다.

이번에 응모한 작품은 형식적으로는 단편이나 내용상으로는 다양하여, 중편이나 장편에 해당한다고 생각한다.

이유는 단순한 남녀 간의 순수한 '사랑의 슬픔'을 '사랑의 기쁨'으로 전화위복했고, 전화위복한 사랑의 기쁨을 크고 넓은 사랑인 '박애(博愛)의 기쁨'으로 승화시켜서 인류의 행복을 실현한다는 정치 철학적인 내용이기 때문이다.

이렇게 다양하고 방대한 내용을 압축하고 논리적으로 정리, 정돈했기 때문에, 형식은 단편이나 내용은 중, 장편이라는 뜻이다.

이러한 관점에서 본 작품을 설명하기에 앞서, 한국 소설의 특징에 대하여 언급해보고자 한다.

문학 교과서 같은 책에 있는 한국 소설의 특징을 살펴보면,

첫째, 민족주의와 저항적 요소(이광수의 '무정', 심훈의 '상록수' 등)

둘째, 애수와 정감의 비애(현진건의 '빈처', 이효석의 '메밀꽃 필 무렵' 등)

셋째, 토속적인 것과 동양적인 것(김동리 '무녀도', 정비석의 '성황당' 등)

넷째, 철학적 사상성의 결여

다섯 번째, 단편적 문학 형태라고 한다.

이 중에서 가장 중요한 내용이라고 생각되는 넷째, '철학적 사상의 결여'에 대하여 간단히 언급해 보고자 한다.

소설의 형식은 산문이지만 내용은 철학적이라고 한다. 다시 말하면 소설은 작가가 연구한 철학을 부드러운 산문 문장으로 형상화시킨 것이라고 한다.

셰익스피어, 괴테, 톨스토이 등 세계 문호들의 작품은 하나같이 위대한 철학적 사상서라고 한다.

또한, 근래의 카프카, 사르트르, 카뮈 등의 작품은 철학 해설서 같다고 한다. 그런데 우리나라 소설은 철학성, 사상성이 약하다고 한다. 철학성 없이 스토리 위주, 흥미 위주로 되어 있어서 감동이 작다고 한다. 그래서 소설의 내용이 무게 있는 사상으로 채워질 수 있도록, 이 방면의 공부와 연구가 시급하다고 한다.

그러면 철학성, 사상성이 위대하다는 세계 문호들의 철학성은 어떠하고, 과연 위대한가에 대하여 전체적으로, 포괄적으로 언급해 보기로 한다.

먼저 셰익스피어의 '4대 비극(햄릿, 리어왕, 맥베스, 오셀로)'이나 단편 '말괄량이 길들이기' 등을 보면 내용이 스토리 위주로 흥미, 재미는 있으나 삶에 교훈을 주고 행복을 주는 철학성, 인문학성(*삶에 행복을 주는 철학성을 본인은 인문학(행복학)성이라고 표현함)이 결코 훌륭하지는 않다고 본다.

다시 말하면 서양 소설의 모태(母胎), 근원인 서양철학 자체가 교훈이 부족한 正, 反의 변증법적이고, 이분법적이고, 분석법적이어서 철학성, 인문학성이 훌륭하지 않다는 뜻이다.

그 이유, 증거로는 서양철학이 확산, 만연된 현재에도, 세상은 어지럽고 인류는 결코, 행복하지 않다는 점이다.

다음에 소설가, 사상가라는 톨스토이의 단편 '바보이반', '사람은 무엇으로 사는가'도 역시나 서양철학, 문화의 영향 탓인지 분석법적으로, 스토리 위주로 흥미는 많은데, 과장이 심하여 현실성, 실용성, 철학성, 인문학(행복학)성이 결코 훌륭하지는 않다는 점이다.

그 밖에 모파상, 헤르만 헤세, 알퐁스 도테, 오스카 와일드, 에드거 앨런포 등의 작품들도 주로 스토리 위주, 흥미 위주로 철학성, 인문학성은 결코 훌륭하지는 않다고 생각한다.

이러한 관점에서 볼 때 본인이 강조하고 싶은 점은, 차원이 낮은 서양철학, 사상으로는 결코 내용이 훌륭한 문학작품을 쓸 수 없다는 점이다.

다시 말하면 철학, 인문학은 사람의 삶의 질을 높이고 행복하게, 잘 살게 해야 하는데, 서양철학으로는 지금처럼, 어지럽고 혼란한 세상을 평안하게 할 수 없다는 뜻이다.

그래서 오랫동안 각고(刻苦)한 노력 끝에, 어지러운 세상을 평안하게 하고 사람을 인류를 진정으로 행복하게 할 수 있는 철학, 사상이 바로 우리 곁에 있는 '성리학의 철학', '孔孟의 철학'인 仁·義·禮·智라는 사실을 깨달을 수가 있었다.

다시 말하면 오래전에 서울대학교 국사학과 교수들이 결론 내린 동도서기(東道西器:동양은 정신, 철학이 앞서고 서양은 기술이 앞선다)의 진리를 비로소 깨달을 수가 있었던 것이다.

서양의 물질문명이 확산, 만연되고 많은 사람들이 돈의 노예가 되어 어지럽고, 혼란스럽고, 불행한 이 세상에서, 최상의 철학이고 진정한 인문학(행복학)인 '孔孟의 철학'을 활용하여 새로운 인문학을 창출하고 저술한 책이 '한정(새로운 유토피아)'인데, 불행히도 이해하는 사람이 드물었다.

그래서 본인의 야심작인 '한정'을 이해하는데 도움이 될 수 있도록 하기 위해, 이번 기회에 단편 소설 형식으로 쓴 작품을 응모하게 되었다.

마지막으로 이 소설의 특징을 포괄적으로 설명해 보면,

첫째, 종합문학(소설과 시), 문예학(文藝學: 문학과 예술(음악))의 형식으로 다양하게 쓰려고 노력했다.

둘째, 소설의 특징 중 하나인 반전(反轉)을 하고('사랑의 슬픔'을 '사랑의 기쁨'으로 반전), '사랑의 기쁨'을 '큰 사랑(博愛)의 기쁨'으로 전환하였으며, 또한 큰 사랑을 진정한 인문학(행복학)으로 *승화시키려고 노력했다.

*승화(昇華)

① 고체가 기체로, 기체가 고체로 전환되는 현상

② 어떤 일을 수준 높은 일인 예술, 문화 등으로 전환하는 현상(sublimation)

셋째, 진정한 실용적, 통합적, 고차원적, 최상의 철학인 '孔孟의 철학'을 활용하여 '인류의 행복(弘益, utopia)'을 실현하고

자 노력했다.

넷째, 세밀하고 다양한 어휘들을 사용하여 우리말의 아름다움을 강조하려고 노력했다.

다섯째, 소설의 진행 과정을 흥미롭고도, 역동적으로 박력있게 진행하려고 노력했다.

여섯째, 물 흐르듯이 부드럽게, 詩나 음악처럼 율동적으로 스토리가 진행되도록 노력했다.

끝으로 '수필', '詩'에 이어서, '소설'도 이해하고 배려해 주신 출판사 측에 다시 한 번 감사를 드린다.

그리고 철학성이 농후(濃厚)하여 난해한 듯한 작품을 잘 심사해 주신 심사위원께도 진심으로 감사드린다.

제1부

사랑의 슬픔

1.

M은 의과대학 본과 3학년이다.

원하는 대학에 입학하지 못하여 의예과 때는 무척이나 방황했었다. 의예과 1학년 때는 원하는 대학에 다시 입학하겠다는 생각으로 출석을 제대로 하지 않아 유급을 낭하기노 했나. 유급 후, 다시 의예과 1학년 때는 같이 유급한 친구들과 어울려 다니느라고 또 공부를 제대로 하지 않았다.

'같은 깃털을 가진 새들이 같이 어울린다'는 말처럼, 놀기 좋아 하는 친구들과 어울리며 당구 치고 술 마시기에 여념이 없었다. 가까스로 의예과 2학년으로 진급한 후에는 정신을 차려서 비교적 우수한 성적으로 본과 1학년에 진급했다.

친했던 고등학교 친구들이 그의 다 가는 S 대학에 입학하지 못하여 방황했던 의예과 1학년 시절을 생각하면 지금도 모골(毛骨)이 송연(悚然)할 정도로 괴롭고 가공(可恐)스러울 뿐이다.

시험 답안지를 전혀 작성하지 못하고 쩔쩔매는 장면이 악몽으로 나타나면서 식은땀을 흘리고 잠을 깨기도 한다. 본과 1학년에 진급하니 입학 동기들이 많이 유급하여 같이 공부하게 되었다. 여러 명의 입학 동기들과 같이 공부하니 비로소 유급했던 열등감이 조금 사라지고 공부에 열중할 수 있었다.

비교적 열심히 공부한 결과 좋아하는 과목들은 A 학점도 받고 진급 안정권에 접어들었다. 그러나 술을 좋아하고 여전히 놀기를 좋아하여 범위가 넓은 큰 과목들은 성적이 좋지 않았다. 그래서 유급으로부터 안정권에는 들었으나 최상층에는 들지 못 했다.

본과 1, 2학년 동안 다람쥐 쳇바퀴 돌 듯이 공부하고, 시험 치르고, 놀기를 반복하면서 어느덧 본과 3학년이 되었다. 본과 3학년이 되니 더 많은 입학 동기들이 유급되어 같이 공부하게 되었다. 그중에 의예과 1학년 때부터 친했던 JK가 있었는데, 취미가 다양한 그는 사진 촬영에 몰두하다가 유급을 당했다고 했다.

처음으로 내과, 외과 등 치료의학인 임상의학을 공부하면서 의사의 꿈에 부풀어 있던 어느 날, 첫 미팅을 하게 되었다. 그동안 고교동기들이 대학을 졸업하고도 남을 시간 동안, 열등감에 사로잡혀 공부하느라 미팅은 생각지도 않았는데, 우연한 기회에 처음 미팅에 참여했다. 의과대학 봄 축제를 계기로 청량리 로터리 근처 다방에서 상대를 만났다. 한창 공부할 때라서 큰 기대를 하지 않고 호기심 반, 장난 반으로 나갔는데, 상대가 뜻밖에 아주 예쁘고 아름다워서 놀랐다.

집이 청량리 근처이고 E 여자대학교 사범대학 3학년 K라고 했다. 쌍꺼풀진 예쁜 눈이 보석처럼, 샛별처럼 지적으로 반짝이고 있었다. 반듯한 이마, 버들잎 같은 눈썹, 아담한 코, 둥글면서 갸름한 얼굴 등 어디 하나 흠잡을 데 없이 아름다웠다. 내가 상상하는 양귀비처럼 화려하게 아름답지는 않았지만, 서시나 왕소군처럼 지적으로, 청초하게 아름다웠다.

지금까지 오랜 세월 동안 공부하면서, 친구들과 술 마시며, 거칠게 살아오면서, 순수한 사랑에 목말랐던 나의 마음이 처음으로 설레기 시작했다. 낯선 경험이라 무슨 말을 어떻게 했는지도 기억나지 않고, 택시를 타고 축제장으로 갔다. 장미꽃 넝쿨이 월계관 모형의 아치처럼 머리 위로 드리워진 출입구를 지나 축제장인 잔디밭으로 가는 길목에서, 안내하던 본과 2학년 OB가 놀란 듯이 K를 쳐다봤다. 그리고 부러운 듯이 나를 바라보았다. 자세히 훔쳐보니 K는 검은색 드레스를 입었는데, 키가 160cm 정도로 크지도, 작지도 않으면서 참으로 날씬했다.

작은 축제가 시작되고 가수가 의자에 앉아 기타를 치고 노래를 부르는데, 노래를 좋아하는 나에게도 이날의 노래는 귀찮고 성가시기만 했다. 내 마음은 오로지 천상의 선녀 같은 K에게 환심을 사는 일에만 골몰할 뿐이었다. 어느덧 지겨운 노래가 끝나고 선물 추첨이 시작되었다. 공교롭게도 1등에 당첨되어서 금으로 된 허리띠를 받았다. 자랑스럽게 K에게 주었는데, 검은 드레스에 두르니 정말 잘 어울렸다. 마치 금띠를 선물 받으려고 검은 옷을 입고 온 것 같았다. 귀한 선물을 받고도 K가 고마워하지 않는 듯하여 좀 야속하기는 했지만, 그까짓 일에 신경 쓰지는 않았고, 오히려 교만한 듯한 K가 더욱 사랑스러워 보였다. 축제가 끝나고 용기를 내어 다음에 만나자고 하니 선선히 응했다.

얼마 후에 약속 장소인 처음 만났던 청량리 로터리 근처 다방에 고교 친구인 YD와 같이 갔다. 키 크고 늘씬하고 잘 생긴 YD가 K를 보더니 대뜸, '야! M아! 니는 어찌 이런 예쁜 숙녀와 만나노!'라고 다른 사람들이 바라볼 정도로 큰소리를 쳐서 좀 기분 좋게 놀라기도 했다. 얌전한 듯하고 내성적인 듯한 K와 더 자주 만나고 싶어서 다음에는 나와 YD, K와 그녀의 친구와 만나자고 했다.

봄이 지나고 6월 초여름쯤에 나와 YD, K 그리고 친구 J와 창경원에 갔다. 나는 맞춤옷이라 몸에 좀 달라붙는 듯하여, 좀 불편한 듯한 하늘색 반팔 셔츠를 입고 갔는데, K는 미황색 바지 차림이었다. 역시나 청초한 아리따운 용모에 아담하면서도 날씬한 자태였다. 나는 괜히 아름답고 산뜻한 K에게 조금 열등감을 느꼈지만, 우리는 햇살이 눈부시게 빛나고 화창한 날씨 속에서 시간 가는 줄 모르고 즐겁게 놀았다. 오랜만에 아이들처럼 여러 가지 동물, 식물 구경도 즐겁게 하고 사자의 으르렁거리는 소리에 놀라기도 했다.

어느덧 1학기 말 시험이 다가오고, 그동안 공부를 등한시 했기에 유급에 대한 불안감을 느끼기 시작했다. 본과 3학년 공부가 가장 중요하고 또한, 3학년 때 유급을 가장 많이 시키기 때문에 다들 죽을 각오로 공부만 하는 현실이었다. 그동안 첫사랑에 빠져 학점이 가장 많은 내과 공부를 소홀히 했기에, 몹시 불안해하며 도서관으로 갔다. 본관 도서관 입구에 도착하니 여러 명의 동기들이 휴식을 취하고 있었는데, JS가 나에게 어디서 들었는지 '사랑에 성공한 것을 축하합니다.'라고 큰소리로 인사를 했다. 겉으로는 웃었지만, 속으로는 비꼬는 말로 들렸다.

의과대학은 상대적으로 성적을 평가하므로 상대가 시험 성적이 나쁘면 자기가 유급을 면할 수 있기 때문이다. 올라가 보니 예상대로 같이 공부하던 다른 사람들은 나보다 공부 진도가 훨씬 앞서 나가고 있었다. 본과 3학년까지 진급한 사람들은 실력이 다 비슷한데, 나만 한참 뒤처졌으니 몹시 불안했다. 지금부터 약 2주일간을 밤샘하다시피 해야 다른 사람들은 따라갈 수 있을 것이라고 각오를 단단히 했다.

K와 다시 만날 희망과 희열을 느끼면서 열심히 공부하여, 좋은 성적은 아니지만, 무사히 1학기 시험을 마쳤다. 1학기 때 공부를 열심히 하지 않았기 때문에, 2학기에는 과대표도 그만두고 열심히 공부만 했다. K는 거의 만나지 않았는데, 유급이 두려웠기 때문이다. 본과 때, 특히 3학년 때 사랑에 빠지면 틀림없이 유급을 당한다는 징크스가 불문율처럼 되어 있으므로, 무모하게 이성을 사귀는 사람은 거의 없었다. K가 아무리 좋아도 유급당하여 의사가 되지 못한다면 아무 소용없고 실패한 인생이 되므로, 다른 동기들처럼 공부에 전념하지 않을 수 없었다.

가도 가도 끝이 없는 길처럼 길고, 바다처럼 넓은 내과, 외과 등 임상의학을 공부하고 암기하는 고난의 세월이 거의 다 지나가고 어느덧, 본과 4학년이 되었다.

2.

3학년 2학기 초가을 경에 취미가 다양하고 대외 활동에 능동적인 입학 동기 JK의 권유로 '메디컬 소사이어티(Medical Society)'라는 봉사 클럽에 가입했다. MS라고 했는데, 친숙한 의학용어인 '승모판 협착증(Mitral Stenosis:MS)' '다발성 경화증(Multiple Sclerosis:MS) 등과 같은 MS라서 이름이 참 좋다고 생각했다. MS는 주로 의과대학생, 약학대학생들로 이루어진 봉사단체인데, 어느 날 의정부 근처 군부대에 무료 진료를 가게 되었다.

높고 푸른 가을의 하늘빛처럼 새로 맞춘 새파란 양복을 입고, 거의 처음으로 환자를 진료한다는 푸른 희망에 들떠서 따라갔다. 교외선 열차를 타고 의정부역을 지나 어느 한적한 시골역에 내려서 걸어갔다. 중대장인 듯한 장교의 간단한 인사말에 이어 진료를 시작했다. 건장한 군인들이라 병이 없을 것 같았는데, 의외로 많았고 진료 경험이 있는 JK는 열심히 환자를 보고 있었다.

나는 경험이 별로 없어서 우두커니 서 있는데, 흰 가운을 입고 조제하는 약대생들 중 한 명이 나에게 다가왔다. 그리고는 환하게 웃으면서 '처방을 해 줘야 조제를 하지요!'라면서 깜찍하게 힐책을 했다. 아마 일부 군인들이 처방전도 없이 가운을 입어서 전문가처럼 보이는 아리따운 약대생들에게 갔던 것 같았다. 나는 당황하여 몇 사람을 진료했는데, 사실 약이라고 해 봐야 아스피린 같은 진통제와 소화제 등이 대부분인 듯하여 어렵지 않게 처방할 수 있었다.

잠깐 사이에 약이 동이 나고 음악이 스피커에서 울려 퍼졌다. 군인들과 여자 약대생들이 어우러져서 한참 동안 신나게 춤을 추었다. 춤을 못 추는 나는 우두커니 서서 발랄하게 춤추는 모습을 어색하게 지켜봤는데, '의료봉사'라기 보다는, '위문공연'을 왔다고 느꼈다. 해거름쯤에 공연이 끝나고, 우리는 다시 기차를 타고 서울에 왔다. 의정부를 지나서 어둑어둑해 지는 창밖을 보면서 JK와 대화를 하고 있는데, 갑자기 뒤에 서 있는 일행들 중에서 왁자지껄한 소리가 들렸다.

한 남학생이 나에게 처방을 부탁한 여학생에게 짜리몽땅 하다고 하니, 여학생이 화가 나서 큰소리로 항의를 하는 듯 했다. 내가 JK에게 남학생이 농담을 한 것 같은데, 지나친 것 같다고 하니 JK도 동의하면서 그 남학생이 그 여학생을 좋아하는 것 같다고 했다. 그 여학생은 이름이 H이고 D여대 약대 3학년이라고 했다. 내가 얼른 봐도 H는 구김살 없이 밝고, 발랄한 듯하고 키는 약간 작은 듯하면서도 몸매가 빼어나게 아름다운 것 같았다. 짜리몽땅과는 거의 반대여서 H가 화를 낼만도 했다.

얼굴이 둥글고, 서글서글하고, 시원하게 큰 눈, 짙은 눈썹이 매우 이지적인 것 같았다.

가을이 절정에 이르렀을 때쯤, JK의 권유로 영등포에 있는 합창모임에도 갔다. 가자마자 한 남자가 나에게 노래를 해 보라고 하여 좀 당황했는데, 노래는 자신이 있는지라 고등학교 1학년 독어 시간에 배운 노래를 불렀다.

Oh, du lieber Augustin, Augustin, Augustin
Oh, du lieber Augustin, alles ist hin
mad ist weg, geld ist weg, alles weg, alles weg
Oh, du lieber Augustin, alles ist hin
동무들아 오너라 오너라 오너라
동무들아 나와서 같이 놀자
귀여운 꽃들이 방긋이 웃는다
동무들아 오너라 같이 놀자

노래가 끝나자 책임자인 듯한 그 남자가 매우 흡족해하며, 목소리가 좋아서 앞으로 좋은 멤버가 되겠다고 했다. 자리에 앉으니 뜻밖에도 H가 있었다. '참 활발하고 능동적으로 인생을 사는 생기발랄한 사람이구나!'라고 느꼈다. 간단한 회의를 끝내고 예배를 보러 간다고 하기에 JK와 함께 무턱대고 따라갔다.

낙엽이 휘날리는 덕수궁 돌담길을 따라서 정동교회로 갔다.

같이 간 일행들이 H를 비롯하여 한 사람씩 유창하게 기도를 하는데, 기도를 해 본 적이 없는 나는 매우 당황하였다. 도저히 기도를 말할 자신이 없어서 일행들에게 미안했지만, 중간에 JK와 함께 슬며시 나와 버렸다.

3.

4학년이 되니 임상 과목 공부는 거의 끝나가고 실습 시간이 생겨서 시간적 여유가 좀 있었던 것 같았다. K에게 연락을 하니 만나지 않으려고 했다. K가 거부를 하니 다시 K에 대한 새로운 그리움이 싹텄고 1학기 중간시험이 다가오는데, 공부가 제대로 되지 않았다. 그래서 친한 친구 KB에게로 달려가서 실연에 대한 괴로움을 호소하기도 했다. KB가 술을 사 주면서 '너는 일등, 아니 특등 신랑감이니 여자는 얼마든지 있을 것이다.'라고 했다. 그리고 웃으면서 '쓸데없는 걱정 하지 말고 공부나 열심히 해라.'라면서 위로해 주기도 했다. 절교도 하지 않았는데, 나를 거부한다고 생각하니 마음속에서 증오감이 생기기 시작했다. 도저히 견딜 수가 없어서 마포 아프트 5층 거실 책상에 앉아 편지를 쓰기 시작했다. 오른쪽 동쪽 창 너머로 K가 사는 하늘을 바라보며 밤이 하얗게 새도록 편지를 썼다.

보고 싶은 K 씨!

지난해 가을에 자주 연락드리지 못하여 죄송합니다.

핑계 같지만 공부하고 시험 치르느라 연락하지 못했습니다. 그러나 저는 처음 본 순간부터 K 씨를 한시도 잊은 적이 없었습니다. 오랜 세월을 공부하고 친구들과 어울리면서 큰 보람 없이 지내던 중, K 씨의 아리따운 모습을 보는 순간 저의 가슴은 설레기 시작했습니다.

그리고 K 씨의 샛별처럼 지적으로 반짝이는 아름다운 눈빛은 저의 머릿속에 영원히 각인되었습니다. 오늘도 저는 '에드거 앨런 포'의 아름다운 사랑의 시 '애너벨 리'를 떠 올리며 언제나 그리운 K 씨와의 추억에 젖어 봅니다.

하늘의 천사들도
바다 속의 악마들도
애너벨 리의 영혼으로부터
제 영혼을 갈라놓지는 못했지요
달빛이 비치는 날이면 언제나
전 아름다운 애너벨 리를 꿈꾸지요
또 별들이 떠오르는 날이면 언제나
아름다운 애너벨 리의 빛나는 눈동자를 느낀답니다.

날이 갈수록 K 씨에 대한 그리움은 짙어지고 이제는 지울 수 없는 한이 되었습니다. 시험공부를 게을리하여 노트를 펴들고 외우면서 허겁지겁 시험장으로 달려가던 중, K 씨를 만나고 소스라치게 놀란 적도 있었습니다. K 씨가 아니었는데 K 씨라는 환영에 사로잡혀서, 나의 게으름이 폭로된 것 같아 소스라치게 놀라고는 곧바로 안도의 숨을 쉬었던 적도 있었습니다.

언제나 그리운 K 씨!

사실 저는 K 씨를 만나기 전까지는 뚜렷한 목적의식 없이, 아버님 뜻대로 막연하게 의사가 되겠다는 마음으로만 살아왔습니다. 그러나 K 씨를 만난 후로는 반드시 훌륭한 의사가 되어서 K 씨를 기쁘게 해 드리겠다는 희망에 들뜨기도 했습니다. 이제 얼마 후면 의과대학 6년간 쌓아 올린 형설의 공을 마무리하는 중요한 시험을 치르게 됩니다.

그래서 그동안 배운 지식을 정리하면서 나름대로 열심히 공부에 매진하고 있었습니다. 그런데 뜻밖에도 K 씨가 나를 거부하니 저는 갑자기 장래에 대한 희망이 사라지고 캄캄한 세상을 헤매고 있는 기분입니다. 그러나 희망을 되찾고 열심히 공부하여 유종(有終)의 미(美)를 거두기 위해 실례를 무릅쓰고 이렇게 편지를 쓰고 있습니다.

언제나 보고 싶은 K 씨!

그동안 K 씨와 여러 번 만나면서 못다 한 말들, 솔직한 저의 마음을 전해 드리니 한결 마음이 가볍습니다. 중요한 시험이 끝나고 지난날처럼 즐겁게 만날 수 있기를 간절하게 바라면서 이만 그치겠습니다.

편지를 K의 학교에 보냈지만, 시험이 끝날 때까지 소식이 없었다. 학교에서 집에 올 때마다 죄 없는 여동생들에게 편지 잘

챙기라고 들볶기까지 했다. 그러던 어느 날 편지가 왔는데, 너무 얇아서 실망했다. 뜯어보니 한 장에 굵은 만년필 글씨가 있었다. 내가 너무 심각하게 편지를 써서 부담스러워 만나지 못하겠다고 했다. 너무 짧은 답장에 실망하고 나도 K를 잊으려고 애를 썼다.

4.

4학년이 되고 임상 실습을 하면서 같은 실습조 동기 몇 명과 JK의 주관으로 미팅을 했다. JK가 H에게 부탁하여 D대 약대생들과 종로 다방에서 만났다. H를 의식하면서 막연하게 참석을 했는데, 파트너가 정해지고 JK와 H, 그리고 나만 남았다. H가 JK에게 '제 파트너는 누구예요?'라고 나를 보면서 말했다. 평소 JK가 H와 친하니 내가 파트너라고 말할 수가 없었다. 할 수 없이 JK에게 H를 양보하고 나는 외톨이가 되는 수밖에 없었다. 그날따라 H는 회색 하이힐에 분홍색 원피스 차림이었는데, 참으로 아름다워 보였다.

오랜만에 아니 처음으로 깜찍하고, 활발하고, 거리낌 없이 능동적인 H와 데이트 하고 싶었는데, JK에게 양보하니 마음이 몹시 허탈했다. 같이 갔던 동기들이 각자 파트너와 즐겁게 떠난 후 나는 홀로 터벅터벅 종로 뒷골목으로 걸어갔다. H와 데이트 하려고 돈도 충분하게 준비했는데 아무 소용이 없었다. 종로2가 뒷골목 첫 번째 집에서부터 막걸리를 마시기 시작했다. 마지막 집까지 들러 술을 혼자 다 마시겠다는 각오를 하고,

게걸스럽게 술을 마시기 시작했다. 첫 번째 집에서 한 주전자 마시고 다음 집으로 갔다. 다음 집에서 한 주전자 마시고, 또 다음 집에서 한 주전자를 거의 다 마시니 술에 몹시 취했다.

갑자기 K가 생각나고, K의 친구 J의 집에 전화를 했다. J의 어머니가 전화를 받았는데, K를 만나게 해달라고 막무가내로 사정을 했다. K가 나와 만나지 않겠다고 하면 E여대 총장을 만나서 따지겠다고 했다. 얼마 후에 J에게서 연락이 오고 K를 다시 만났다. 다시 만난 기쁨도 잠시 K는 매우 내성적이고 소극적이었다. 나와 성격이 비슷하여 불안하기도 했다.

어느덧 시간이 지나고 가을이 왔다. 졸업 시험을 치르고 국가고시 준비를 하느라 가을, 겨울을 바쁘게 보내고 다음 해 1월이 되었다. 1월 중순경 국가고시가 끝나고 군대에 입대하는 2월 중순경까지는 쉬는 일, 노는 일만 남았다. JK와 봉사단체 MS 마지막 모임에 참석했다. 졸업생만 모였는데 남자 4명 여자 3명 정도만 나왔다. 종로 근처 음식점에서 식사를 하고 헤어지는데, H가 나에게 같이 가자고 했다. 같은 방향은 아니지만 H의 동네를 거쳐서라도 마포 아파트로 갈 수 있었기에 동행하기로 했다.

내가 택시를 타자고 하니 H가 깜찍하게 '무슨 부르주아라고 택시를 타요! 버스 타고 가요.'라며 버스 정류장으로 이끌었다. 처음으로 H와 버스 안에서, 서서 데이트를 했다. H는 자기 오빠는 OO과 전문의이고 OO대학병원에 근무한다고 했다. 내가 '오빠가 전문의라면 병에 대해서 훤히 알겠네요?'라고 하자, 그렇다고 큰소리치기도 했다. 그 당시 나는 전문의라면 하늘처럼 보일 때라서 전문의를 과대평가했는데, H는 병에 대해서는 잘 모르면서도 아는 척 큰소리치는 깜찍함을 보이기도 했다.

H가 처음으로 나에게 직접 호감을 보이고 집안일을 말하자 깜찍하고, 적극적이고, 서글서글한 눈동자에 거리낌 없이 자유롭고, 시원스럽게 행동하는 H에게 정감이 가고 마음이 설레기 시작했다. 헤어지기 섭섭하여 마포 가는 중간쯤에서 H가 내릴 때 따라 내렸다. 찻집에서 차를 마시는데, H가 정색을 하며 오랫동안 살았던 동네라서 아는 사람들이 다 보고 있다며 매우 난처한 표정을 지었다. 그리고는 나에게 'M 씨는 참 착한데! M 씨는 참 착한데!……'만 반복하며 몹시 안타까워하는 것 같았다. 나는 H에게 피해를 줄까 봐서 '미안합니다.'라고 하며 황망히 돌아섰다.

또한, 입대하기 전 K를 명동 근처에서 만났다. K는 언제나처럼 말이 없고 소극적이고 내성적인 것 같았다. 내가 처음으로 아버님이 경남의사협회 부회장이라고 하니까, K는 탐탁하게 여기지 않은 듯했다. 그런 말을 들으니 일류여자대학을 졸업하는 K가 빈약하게 보이기도 했다.

시간은 쉬지 않고 강물처럼 흘러 2월 중순경에 입대했다. 9주간 훈련을 마치고 해군 중위로 진해통합병원에서 근무하게 되었다. 계절의 여왕이라는 5월경에 휴가를 받아 내게 잘어울리는 산뜻한 카키색 해군 하복 차림으로 서울에 왔다. 우선 친구 BJ를 만나고 K를 같이 만났다. K는 풍진을 앓고 있는 듯 공교롭게도 그날따라 얼굴에 붉은색 반점이 많았다. 옆에 BJ가 있어서 특별한 대화는 못 하고 다음을 기약하며 일단 헤어졌다.

다음 날 BJ와 H를 만났다. H는 졸업을 했으니 만나기가 부담스럽다고 했다. 나는 BJ에게 K와 H를 평가해 달라고 했으나 둘 다 좋은지 머뭇거리기만 할 뿐이었다. 서울에 자주 올 것이라 생각하고 처음에는 BJ와 함께 만났는데, 9월경에 통합병원을 떠나 '한국함대'로 발령이 나서 구축함을 타게 되었다. 구축함을 타면서부터 바다에서 생활해야 하므로 서울에 거의 오지 못하고 K, H와 소원하게 되었다. 휴가를 받아 서울에 자주 올 수도 있었으나, 곧 결혼해야 하는 K, H를 생각하면 서울에 오기가 싫었기 때문이다. 두 마리 토끼를 잡으려다가 다 놓치듯이, 두 사람의 아름다운 여자를 동시에 좋아하다가 둘 다 놓치고 실연에 괴로워하는 나 자신을 한탄하며 정처 없이 떠돌아다니는 생활이 계속되었다.

40일 또는 60일 동안 동해의 풍랑 속에서 살다가 육지에 내리면 하릴없이 술 마시고 하던 생활이 계속되던 어느 날, 회식하고 늦게 귀가하니 어머니가 '서울 말씨를 쓰는 여자에게서 전화가 왔는데, 주위 친척 집에 들렀다가 전화를 했다더라.'라고 하셨다. H임을 직감하고 얼마 후 휴가를 얻어 서울에 갔다. H에게 오랜만에 전화를 하니 매우 반갑게 전화를 받았다. 그리고 충격적인 말을 했다. 곧 결혼하게 되었다고……. 나는 당황하여 엉겁결에 '아! 예, 축하합니다.'라고 말하고는 수화기를 가만히 내려놓았다. 결국, 우유부단하여 첫사랑 중 하나를 잃어 버렸던 것이다.

많이 만나지는 않았지만 H와의 가슴 설레는 짜릿한 추억들이 주마등처럼 떠오르고, 곧이어 뜨겁고 굵은 눈물이 나의 얇고 작은 두 뺨 위로 한없이 흘러내렸다. 그리고 각오(覺悟)했다. 이제부터는 두 번 다시 가슴 아프고 슬픈, 순수한 사랑은 하지 않으리라고! 또한, 순수한 사랑(樂而不淫)은 하되 지금처럼 마음 상하지 않으리라고(哀而不傷)!

*논어, 팔일편-공자 말씀하기를 '시경의 관저편은 즐거우되 음란하지 않고(樂而不淫) 슬퍼도 상하지 않느니라(哀而不傷).

그리고는 하염없이, 노래 외는 아무 생각 없이 클라이슬러의 '사랑의 슬픔'을 부르면서 카타르시스에 젖어 들었다. 그리고 또한, 사랑의 슬픔을 너무나 아름답게 묘사한 베를리오즈의 '환상교향곡' 중 무도회(un bal)를 하염없이 부르면서, 슬픔의 카타르시스에 빠져들었다.

*카타르시스- 비극에 등장하는 인물들의 비참한 운명을 보고 간접경험을 함으로써, 자신의 두려움과 슬픔이 해소되고 마음이 깨끗해지는 일(1. (하제(下劑)에 의한) 배변(排便) 2. 카타르시스, 정화(淨化) 3. (정신 요법의) 카타르시스 4. 통변(purgation) 5. 정화법)

에필로그

또 하나의 첫사랑 K에게는 연락을 하지 않았다. H에게 받았던 것처럼 더는 실연의 상처를 받고 싶지 않아서 연락을 하지 못했다. K도 나와 결혼할 수 없는 처지여서 첫사랑을 추억으로만 간직할 뿐이었다. 그리고 아름다운 두 사람이 진정으로 행복하기를 진심으로 기도했다. 실연의 아픔을 전화위복(轉禍爲福)으로 나는 나름대로 열심히 공부하여 대학병원 내과 전공의 시험에 합격했다.

사람의 생명과 관계있는 내과를 공부하여 많은 사람들을 사랑으로 치료하는 인술(仁術)을 베푸는 큰 의사가 되리라고 각오하며 열심히 공부하고 있었다. 고단한 인턴 생활도 끝나가고 한 해가 저물어 가는 12월 어느 날, 나는 친구 KS의 소개로 또 한사람의 여인을 만나게 되었다. 여기서부터 '사랑의 슬픔'을 극복하고 '사랑의 기쁨'이 시작되었다.

제2부

사랑의 기쁨

1.

창밖으로 함박눈이 사뿐사뿐 내리는 따뜻하고도 포근한 12월의 어느 날 밤. 친구 KS와 나는 무교동 서린호텔 커피숍에 앉아 있었다. 낡고 빛바랜 황갈색 트렌치코트를 걸치고, 낡고 검은 가방을 옆에 낀 채 누구를 기다리고 있었다. 친한 친구들은 거의 다 결혼하고 KS, LS 등만 남았다. 나는 첫사랑의 상처가 깊어서 가슴 아픈 순수한 사랑을 포기했는데, 친구들의 강요에 못 이겨 선을 보게 되었다. 나를 좋아하는 친구 LS는 나에게 전화하여, '야! M아 내년 벚꽃이 필 때까지는 꼭 결혼하자.' 라고 나를 격려해주기도 했다.

자기는 자신 있으니까, 나도 같이 결혼하자는 뜻인 것 같았다. 나를 진정으로 좋아하는 KS는, 이번에 소개하는 여자는 S여대 영문과 출신인데, 아주 예쁜 사람이라고 했다. 나는 이미 너무나 아름다웠던 K와 H에게 실연을 당한지라 기대도 하지 않고, 결혼하는 친구들 따라 강남 간다는 마음으로 선을 보게 되었다.

그동안 소위 마담뚜들의 소개로 여러 번 선을 봤으나, K와 H

에 비해서 훨씬 못한 것 같아 실망하고 당분간 선을 보지 않고 공부에만 열중하고 있었다. 그래서 별로 기대하지 않고, 친구 KS와 만나 오랜만에 예전에 자주 다녔던 무교동 낙지집에서 술이나 한잔하겠다는 마음으로 그 자리에 나갔다. 넓은 커피숍은 해맑고 부드러운 우윳빛 조명으로 가득했고, 티 없이 맑고 밝게 웃고 떠드는 사람들 모습이 마치 선남선녀(善男善女)들처럼 보였다.

약속 시간이 지나니 그래도 일말의 기대감으로 일각(一刻)이 여삼추(如三秋처)럼 느껴졌다. 그래도 주인공이 나타나지 않아서 '그러면 그렇지! 지금까지 수없이 선을 봤어도 모두 실패 했는데, 이번에도 안 되겠지!'라고 생각하면서 KS에게 오래간만에 무교동 낙지로 한잔하자고 말했다. 그러나 주선한 여자가 조금만 더 기다리라고 하기에, 남쪽으로 향한 북쪽 의자에 앉아서 KS와 계속 이야기를 하고 있었다. 언제나 정다운 KS와 신나게 이야기하면서 문득 왼쪽으로 눈을 돌리니 매우 낯선 듯한, 세상에서 처음 보는 듯한 여자가 선을 주선한 여자와 이야기를 하고 있었다. 서서 대화하는 오른쪽 옆모습을 보니 아담한 키에 예쁜 녹색 코트를 입고 있었다.

우아하고 풍성한 머리 모양에 귀걸이가 반짝이는 것 같았고, 반듯한 이마와 긴 속눈썹, 아담한 코, 등이 해맑고 밝은 우윳빛 조명에 반사되어 눈부시게, 휘황찬란(輝煌燦爛)하게 빛나고 있었다. 옆모습으로는 영화에서 봤던 아름다운 에스메랄다(노트르담의 꼽추의 여주인공)나 미란다(콜렉터의 여주인공)

를 능가할 정도로 신비롭게 아름다웠다. 비너스인가? 월궁의 항아인가? 처음 보는 낯설고, 신비롭고, 아름다운 자태에 나이답지 않게 마음이 조용히 흔들리기 시작했다. 나를 아랑곳하지 않은 듯, 한참이나 주선한 여자와 반갑게 이야기를 하고 있기에 '그러면 그렇지! 저렇게 천상의 선녀처럼 아름다운 여자가 어떻게 나와 인연이 되겠는가!'라고 생각했다.

한참 지난 듯한 후에야 맞은편에 앉았는데, 앞모습도 옆모습처럼 낯설고, 신비롭고, 아름다워서 자세히 쳐다보지 못했고, 무슨 말을 했는지도 모르겠다. 이 커피숍 특유의 맑고 밝은 조명으로 많은 천춘남녀들이 선남선녀처럼 보였는데, 비너스나, 월궁의 항아나, 천상의 선녀처럼 아름다운 여인이 멋지게 치장을 하고 당돌하게 앞에 앉아서 아름다운 눈웃음을 흘리고 있으니, 눈이 부셔서 자세히 쳐다볼 수가 없었다.

남이라면 몰라도 나와 결혼할 여자라고 생각하니, 더구나 가슴이 떨려서 외면했던 것 같다. 또한, 다급하게 당장 결혼할 마음이 없었던지라, 헤어질 때 아쉬움을 남기지 않으려고 자세히 보지 않았던 것도 같았다.

2.

잠시 후 KS와 아쉽게 헤어지고 무교동 낙지집으로 자리를 옮겨 동동주를 마시면서, 아름다운 여인과 대화를 시작했다. 술을 한잔 마시니, 두근거리던 가슴도 진정이 좀 되는 것 같았다. 또한, 커피숍보다 좀 어둡고 노란 불빛이라서 눈 부신 느낌이 덜하여 비로소 마주 앉은 사람을 자세하게 볼 수 있었다. 불빛이 약간 어두워 자세하게 생각나지는 않으나 이목구비(耳目口鼻)가 균형 있게 반듯했고, 화려하면서도 청초한 모습이 평소에 상상했던 양귀비나 서시처럼 보였다. 반듯한 이마, 버들잎 같은 눈썹, 아담한 코와 입술, 둥글고 시원스레 큰 쌍꺼풀진 눈, 둥글면서도 갸름한 얼굴 등이 우아한 웨이브 머리와 어우러져서 세상에서 처음 보는 듯한 모습이었다. 특히 우리 집안 여동생들과는 달리, 속눈썹이 길고 쌍꺼풀진 둥근 눈이 아름다워서 쌍꺼풀 성형수술을 받았느냐고 어리석은 질문을 하기도 했다.

그러니, 내게 아버지를 닮아서 눈이 쌍꺼풀이 졌다고 했다. 전주 이씨인 아버지가 잘생겼다는 듯 자기가 셋째 딸인데, 아버지를 제일 많이 닮았다고 했다. 또한, 어머님이 자기를 임신했을 때 아들인 줄 알고 여러 가지 보약을 많이 먹어서 지금까지 병 없이 매우 건강하다고 자랑도 했다. 또한, 대학교 졸업도 하기 전에 영문과에서 가장 먼저 대기업에 입사했다고 자랑도 했다. 아마 인상이 좋아서 가장 먼저 대기업 비서실에 취직했다는 뜻이었다.

외모도 예쁘지만 내면도 지적이고 똑똑하다는 모습을 솔직하게 소개하는 태도가 아름다웠다. 여러 사람들과 선을 보고 실망한 나머지, 당분간 결혼하지 않고 공부에만 전념하겠다는 내 마음이 조금씩 흔들리기 시작했다. 술이 좀 취하니 상대방이 조금 더 가까이 보였다. 영화배우나 탤런트처럼 단순히 또는 개성 있게 아름다운 것이 아니라, 지적으로 균형 있고 조화롭게, 예술적으로 아름다웠다.

외모도 아름답지만 성격도 솔직하고 아름다운 것 같았다. 나는 그 당시 공부하느라고 신문도 제대로 못 읽고, 견문이 좁아 세상 물정에 어둡고 말도 좀 어눌했다. 그러나 L은 나이가 다섯 살이나 어린 것 같았는데도 말도 잘하고 세상 물정에도 밝은 것 같았다. '남자들은 잘생기고 많이 배운 여자와 결혼하기를 원하나, 잘 생기고 많이 배운 여자가 말이 많다는 사실은 모른다.'라는 말이 있지만, 그 당시의 내 마음에는 이런 명언도 통하지 않았다.

술이 좀 더 얼큰하게 취하니, 지금까지 만났던 여인들과 울고 웃었던 추억들이 생각났다. 그리고 '갈수록 정답고 정겹게 느껴지는 이 아름다운 여인을 만나게 하려고 하늘이 시련을 주었구나.'라는 마음이 들었다. 또한, '이런 경우를 천생연분(天生緣分)이라고 하는구나.'라는 생각도 들었다.

술에 취하고 아름다운 여인에 취하니, 평소에 즐겨 읊는 한시(漢詩)가 생각났다.

北方有佳人(북방유가인: 북쪽에 아름다운 여인이 있었네)
絕世而獨立(절세이독립: 세상에서 빼어나니 오직 한 사람)
一顧傾人城(일고경인성: 한 번 돌아보니 남의 성 기물이고)
再顧傾人國(재고경인국: 두 번 돌아보니 남의 나라 기물이네)

*絕世佳人: 세상에서 견줄 사람이 없을 정도로 뛰어나게 아름다운 여자

*傾城之色, 傾國之色: 임금이 혹하여 나라가 뒤집혀도 모를만한 썩 뛰어난 미인

그리고 밝고, 명랑하고, 당당하고, 구김살 없이 맑고 환하게 웃는 눈웃음이 너무나 아름다운 자태(姿態)를 보면서, 나도 모르게 좋아하는 漢詩와 비슷하지만 새로운 시상(詩想)이 떠올랐다.

漢城有佳人(한성유가인: 서울에 아름다운 여인이 있었는데)
絕世而獨立(절세이독립: 세상에서 빼어나니 오직 한 사람)

一笑傾人心(일소경인심: 한 번 웃으니 남의 마음 기울게 하고)

再笑奪人心(재소탈인심: 두 번 웃으니 남의 마음 빼앗아버리네)

또한 집이 왕십리라고 했고, 39번 버스를 타고 서울역 앞 대우빌딩으로 출퇴근한다고 했다. 하필이면 집도 내가 학교 다닐 때 많이 놀러 다녔던 곳이라서 반갑기도 했다. 친구 KB가 도선동에서 하숙할 때, 거의 토요일마다 39번 버스를 타고 놀러가서 술도 마시고 '뚝섬 경마장'에도 다녔던 동네였다. 두 번째 만남은 셋째 여동생과 함께 학교 다닐 때 자주 다녔던 종로 2가 '패밀리하우스'에서 만났는데, 특별한 이야기는 없었던 것 같다.

세 번째는 대우빌딩 근처 다방에서 만났는데, 당분간 결혼하지 않고 공부하고 싶다고 본의 아니게 말을 했다. 그리고 내가 술을 좋아하니 나하고 결혼하면 후회할 것이라고 솔직하게 말해 주기도 했다. 그러자 '결혼하지 않을 것이면서 왜 지금까지 만났느냐.'라고 하면서 눈물을 글썽거렸다. 너무나 아름다운 얼굴에 눈물을 흘리니, 도저히 거절할 수가 없었다. 사실 이렇게 아름답고, 지적이고, 마음이 열리고, 명랑하게 웃음 짓는 밝은 모습의 여인을 세상에서 다시는 만날 수 없을 것이라고 작정하고, 단정하니, 도저히 거절할 수가 없었다.

얼마 후, 구미병원에 파견 근무를 가야 해서 서울역으로 갔다. 그녀는 미리 약속한대로 새마을호 기차표를 자져왔다. 그때 나의 차림새를 보고 속으로 많이 웃었다고 했다. 낡은 황갈색 트렌치코트에, 낡은 검은 가방을 들고 담배를 피우며 초조하게 기다리는 나의 모습이 너무 웃기더라는 것이었다. 그때도 나는 세상에서 누구보다 당당했으므로 외모에는 별로 신경을 쓰지 않았는데, 겉으로는 단정하고 화려한 사람들만 대하는 L로서는 나의 초라한 모습과 촌스러운 듯한 행태가 많이 우스웠을 것이다. 그러나 양띠이고 양처럼 착했던 L은 나의 초라한 듯한 행태를 비웃지 않고 이해하려고 노력했던 것 같았다.

3.

봄의 전령사인 따뜻한 바람, 화창한 날씨와 함께 3월이 왔다. 그러나 나에게는 춥고, 우울하고, 혹독하기만 한 내과 전공의 1년 차 생활이 구미병원에서부터 시작되었다. 거의 날마다 당직을 서야 했으므로 서울에 자주 갈 수가 없었다. 이런 와중에 4월경 일요일에 L이 구미로 나를 만나러 왔다. 그날은 다행히 응급실에 경험 많은 인턴 선생이 근무할 때라 환자를 부탁하고 L과 함께 대구 동촌유원지에 갔다. 바다에서 보트를 탄 경험이 많은지라 별로 넓지 않은 호수 위로 노련하게 노를 저으면서 다녔다. 그러나 한가하게 보트 놀이를 즐길 처지가 아니라서 나오려는데, 배가 바닥에 걸려 움직이지 않았다. L이 앉아 있는 뒷부분이 걸린 것 같아 내가 가만히 웃으면서 농담으로, 몸무게가 많아서 배가 걸린 듯하다고 했다. 그러니 L은 특유의 아름다운 눈웃음을 흘리면서 몸무게가 많지 않다고 했다. 천박하게 정색을 하지 않고, 교양 있게 조용히 웃으면서 비만하지 않다는 점을 강조했다. 노를 보트 아래에 대보니 모래 바닥인 것 같아서 좀 힘껏 밀었더니 보트가 미끄러져서 다시 깊은 곳으로 나아갔다. 그래서 다시 L에게 몸무게가 많아서 보트가 바닥에 걸린 것이 아니고 내가 노를 잘못 저어서, 얕은 곳으로 가 배가 바닥에 걸렸다고 하여 또 한 번 같이 웃었다.

이렇게 짧은 시간을 재미있게 보내고, 시간이 남아서 금오산 도립공원으로 갔다. 케이블카를 타고 산 정상 부근까지 가니, 설악산처럼 차를 끓어서 파는 집이 있었다. 다정스러운 L이 사진을 찍어주어서 무뚝뚝한 나는 어색하게 포즈를 취하기도 했다. 중환자들에게 시달려 혹독한 생활을 하면서 처음으로 아름다운 그녀와 즐거운 시간을 보내던 중, 시간이 급하여 서둘러 케이블카를 타고 내려왔다. 오후 5시경에 서울 가는 막차가 있다고 하여 택시를 타고 급하게 달렸다. 마지막 버스를 타지 못하면 밤 기차로 상경하여야 하니, 택시기사에게 재촉을 했다. 그러나 나와는 달리 불안해하거나 당황하지 않은 침착한 L의 모습이 더욱 믿음직하고 사랑스러웠다. 터미널에 도착하니 막차가 출발하기 5분 전이었다. L을 극적으로 무사히 보내고 안도의 한숨을 즐겁게 내 쉬면서 택시를 타고 급히 응급실에 도착했다.

약 5시간 정도를 지켜준 인턴 선생에게 고맙다는 인사를 했다. 내과 중환자 한 명이 왔는데, 대구로 후송 보냈다고 했다. 내가 책임을 다하지 못한 것 같아 속으로 환자에게 죄송했고, 결과가 어땠는지 불안했다. 젊은 의사들에게 관심이 많았던 병동 간호사들에게 L이 주고 간 사진을 보여주니, 장안 최고의 미인과 결혼한다고 소문이 났다. 마치 그녀를 묘사한 나의 시

(詩)가 실현되는 듯하여 속으로 흐뭇한 미소를 지었다(*서울에 아름다운 여인이 있었는데, 세상에서 빼어나니 오직 한 사람).

시간은 주마등처럼 돌고, 강물처럼 밤낮으로 쉬지 않고 흘러서, 계절의 여왕 5월 초에 서울 병원으로 복귀하고, 여왕처럼 우아한 L과 약혼식을 하였다. 꽃보다 아름다운 신록꽃이 곱게 빛나는 6월 초순 어느 날, L이 연초록 신록빛 스커트 차림으로 병원에 왔다. 너무나 우아하고 아름다운 모습에, 주위 사방이 아름답고, 풍성하고, 우아한 신록꽃처럼 환하게 빛났다. 자세히 보니 결혼식 예물 문제로 오해가 생겨 불만이 있는 듯, 약간 가볍게 인상을 쓰는 듯, 슬픈 듯한 얼굴을 하고 있었다. 자세하게는 모르겠으나 결혼반지 문제로 L의 언니와 나의 여동생이 좀 다투었다고 했다. 진실한 L이 가식 없이 순수하게 살짝 찡그리며 인상 쓰고 있는 모습이 더욱더 아름다워서, '효빈(效顰: 찡그림을 흉내 냄)이 생각났다.

월나라의 '서시'가 가끔씩 아픈 가슴을 부여안고 찡그리면서 인상을 썼는데, 그 모습이 너무나 아름다워서, 사람들이 구름처럼 몰려들었지. 서시와 같은 동네에 서시와는 반대로 못생긴 '추녀(醜女)'가 살고 있었는데, 인기 있는 서시를 항상 부러워하고 있었지. 어느 날 '추녀'는 '서시'를 흉내 내어 사람들이 운집한 시장 바닥에서, 가슴을 부여안고 얼굴을 잔뜩 찡그리며 인상을 썼지(效顰). 그러자 사람들은 놀라서 모두들 도망을 갔지. 마을 촌장은 너무나 놀라서 두문불출(杜門不出) 하다가 시름시름 앓았고, 3대째 단골 거지는 너무나 무서워서 정든 마을을 버리고 울면서 다른 곳으로 도망을 쳤지.

이처럼 미인은 웃을 때도 아름답지만 찡그릴 때도 아름답다는 사실을 '서시'를 통해 알고 있었으나, L을 통해서 처음으로 확인하기도 했다. 그리고 그녀의 인상 쓰는 모습이 너무나 아름다워서 또 하나의 비슷한 시로 표현해 봤다.

서울에 아름다운 여인이 있었는데(漢城有佳人, 한성유가인)
세상에서 배어나니 오직 한사람(絕世而獨立, 절세이독립)
한 번 살짝 찡그리니 남의 마음 기울게 하고(一頻傾人心, 일빈경인심)
두 번 살짝 인상을 쓰니 남의 마음 빼앗네!(再頻奪人心, 재빈탈인심)

하여간 그날은 비번이라 병원 근처 단골 맥줏집에서 즐겁게 마시고, 별로 중요하지 않은 예물에는 신경 쓰지 말자라며 기쁘게 헤어졌다.

에필로그

6월 29일 햇빛이 산뜻한 초여름의 열기 속에서 L과 결혼식을 올렸다. 나를 잘 아는 또 다른 친구인 SK의 유창한 사회로 '홍릉 세종대왕기념관'에서 결혼식이 거행되었다. 오랫동안 사랑의 슬픔 속에 빠져 있다가, 마침내 사랑의 기쁨을 찾게 되었다. 아내와 함께 희망에 부풀어 크라이슬러, 마르티니의 '사랑의 기쁨', 모차르트 '피가로의 결혼' 중 '저녁 바람이 부드럽게' 등을 듣고, 원래 좋아했던 클래식 음악들도 자주 들으며, 사랑의 기쁨을 만끽하기도 했다. 결혼식 준비 등 현실적인 많은 일은 현명한 아내가 거의 다 처리하였으므로, 결혼 때부터 아내에게 많은 빚을 지게 되었다. 그래서 행복한 마음으로 열심히 공부하여 내과 전문의가 되었고, 경제적으로 안정하기 위해 개원도 했다. 생명, 수명 연장의 중심 역할을 하는 내과의 사로서의 자부심을 느끼고 사랑의 인술(仁術)을 베풀고 있던 어느 날, 의술(醫術)에 대한 회의가 생기기 시작했다.

그리고 소의치인(少醫治人:작은 의사는 사람을 고치고), 대의치국(大醫治國:큰 의사는 나라를 고친다)이라는 명언이 생각났다. 사람을 고치는 의사는 한계가 있어서 작은 의사(小醫)

이고, 나라를 고치는 의사는 한계 없이 수많은 사람을 고치니 큰 의사(大醫)라는 뜻이다. 그래서 이왕 의사가 되었으니 큰 의사가 되고자 각오를 했다. 큰 의사는 어떤 사람인가? 많은 사람을 행복하게 하는 사람이다. '공자', '예수', '석가모니', '소크라테스' 등 성인을 비롯하여 많은 위인들이 진정한 큰 의사일 것이다. 진정한 큰 의사인 성현, 위인들의 공통점은 인류에게 크고 넓은 사랑인 박애(博愛)를 베풀었다는 점이다.

'예수'는 '사랑'의 박애를 베풀었고
'석가'는 '자비'의 박애를 베풀었고
'소크라테스'는 '진실, 정의'의 박애를 베풀었고
'공자'는 '인(仁)'의 박애를 베풀었다.

그런데, '성현들이 박애를 베풀었는지가 2천 년 이상이 지났는데도, 왜 인류는 행복해지지 않고 계속 싸우는가?' 라는 의문이 생겼다. 그래서 행정대학원에서 정치학, 행정학 등을 공부하니, 인류를 행복하게 하는 진리는 올바를 정치에 있다는 것을 알았다((논어, 안연편 '政者正也(정치는 올바르게 하는 것)'). 그리고 '논어'를 알아야 정치를 잘 할 수 있고, 나아가서는 '맹자'도 같이 알아야 올바른 정치로 인류를 행복하게 할 수 있다는 사실도 확인했다. 다시 말하면 '공·맹(孔·孟)의 德'인, 인·의·예·지(仁·義·禮·智)가 진정한 박애(博愛: 크고 넓은 사랑)이고, 인류를 행복하게 할 수 있는 유일한 방안임을 깨달은 것이다!

仁: 올바른 것을 진정으로 좋아하고 올바르지 못한 것을 진정으로 미워하는 어진 마음(*논어, 이인(里人) 편))

義: 언제나 올바르게 생각하고 올바르게 행동하는 정의로운 마음(*맹자, 이루상편)

禮: 형식보다 내용을 좋아하는 진실한 마음(*논어, 학이편)

智: 물처럼 유연하게 난관을 헤쳐 나가는 지혜로운 마음(*논어, 옹야편)

오랫동안 각고(刻苦)한 노력 끝에 마침내, '사랑의 슬픔'을 전화위복 한 '사랑의 기쁨'을 '진정한 박애의 기쁨'으로 승화(昇華) 시킬 수 있었던 것이다! 그리고 진정한 박애이고 최상의 진리, 인문학(행복학)인 공·맹의 덕(德)을 꾸준히 공부, 사색하여 새로운 인문학을 창출하고 저술하여 인류의 행복에 기여하는 삶이 큰 의사의 길이고, 지성인의 길이라는 사실도 확인할 수 있었다. 그래서 진정한 박애인 '孔·孟의 철학'을 활용하여 새로운 인문학을 창출하고 저술하여 진정한 인류의 행복을 실현하는 방안을 제시하고, 증명한 책이 『한정』(韓精: 一·正·大 하나이고 바르고 큰 정신)이다. 그리고 조만간, 좀 더 이해하기 쉽게 정리하여 제3부 '큰사랑(博愛)의 기쁨'으로 출간할 예정이다.